HERAUSGEGEBEN VON
ELKE UND DIETER LOSSKARN

SPANIEN
EDITION UNTERWEGS

MOTORRAD

Europas größte Motorradzeitschrift

SPANIEN

EDITION UNTERWEGS

Mit dem Motorrad
quer durch Spanien und Portugal.
Von Josef Seitz

Motor buch Verlag

IMPRESSUM

Herausgeber: Elke und Dieter Loßkarn
Konzeption und Einbandgestaltung: Elke Loßkarn
Karten: Elke Loßkarn/Mairs Geographischer Verlag
Texte und Fotos: Josef Seitz
Titelfoto: Burg von Almodóvar del Rio

ISBN 3-613-01705-9

2. Auflage 2000

INHALT

ENTDECKUNGSREISE

Daß Spanien ein Eldorado für Sonnenanbeter ist, muß eigentlich nicht mehr gesagt werden. Daß aber nur wenige Kilometer hinter den feinen Sandstränden ein unbekanntes Spanien beginnt, eines, das für Motorradfahrer jede Menge Traum-strecken und mehr bereithält, ist immer noch zu wenig bekannt. Ein stilles Spanien im Norden, dessen grüne Traumlandschaften zwischen dem wogenden Atlantik und den stillen Gipfeln der Kantabrischen Kordilleren selbst unter Spanienkennern noch als Geheimtip gehandelt werden. Oder die Pyrenäen, Spanien für Anfänger, aber mit herzhaften Motorradstrecken ohne Abstriche. Das richtige für den genußvollen Einstieg in die iberische Entdeckungsreise.

Oder darf's etwas mehr Süden sein? Ob nun die Reise durch die Farben des andalusischen Frühlings geht, oder ob der Mulhacén, der höchste anfahrbare Punkt Europas in der Sierra Nevada für den Spaß auf zwei Rädern sorgt. Zwischen dem ungehaltenen Temperament der Flamenco-Gitarre und der Stille portugiesischer Berglandschaften gibt es so viel Unbekanntes auf der Iberischen Halbinsel, daß jede Reise dorthin zu kurz sein muß.

Sechs große Touren sind im Buch beschrieben, jede einzelne davon eignet sich als eigenständige Urlaubsreise. Wer genügend Sitzfleich hat, der kann alle sechs zu einer großen Iberien-Rundreise verbinden.

Viel Spaß im heißen Süden wünscht

Josef Seitz
Billenhausen, im Herbst 1995

AUF EINEN BLICK

Übernachtungspreise ändern sich schnell, außerdem variieren sie von Saison zu Saison. Deshalb geben wir im Buch nur Preiskategorien an. Bei der Reservierung können Sie dann nach den genauen Kosten pro Person fragen.

Preiskategorien (Übernachtung pro Person im Doppelzimmer):
- ●   bis 30 Mark
- ●●   31–50 Mark
- ●●●   51–75 Mark
- ●●●● über 75 Mark

Jedes Kapitel besteht aus einer Geschichte, der eine Karte mit der gefahrenen Route folgt. In der Karte sind die motorradfreundlichen Übernachtungsmöglichkeiten mit einem Bett-Symbol gekennzeichnet. Im Anschluß an die Routenskizze folgen die Adressen und Preiskategorien dieser Gasthöfe, sowie weitere wichtige Informationen.
Für die Angaben zu den Hotels können wir keine Gewähr übernehmen. Wenn sich etwas geändert hat, oder falls Sie neue, motorradfreundliche Gasthöfe auf ihren Spanien- und Portugal-Touren entdecken, schreiben Sie uns bitte. Wir lassen Sie dann in der nächsten Auflage zu Wort kommen.
Die Telefon-Vorwahl von Deutschland aus ist für Spanien 00 34 und für Portugal 00 351.

Folgende Symbole werden in den Karten und Info-Teilen verwendet:

Symbol		Symbol		Symbol	
	Karten		Reisezeit		Veranstaltung
	Route		Enduro		Extra-Tip
	Anreise		Treffpunkt		Aktivitäten
	Übernachten		Naturpark		Literatur
	Gastronomie		Sehenswert		Adressen

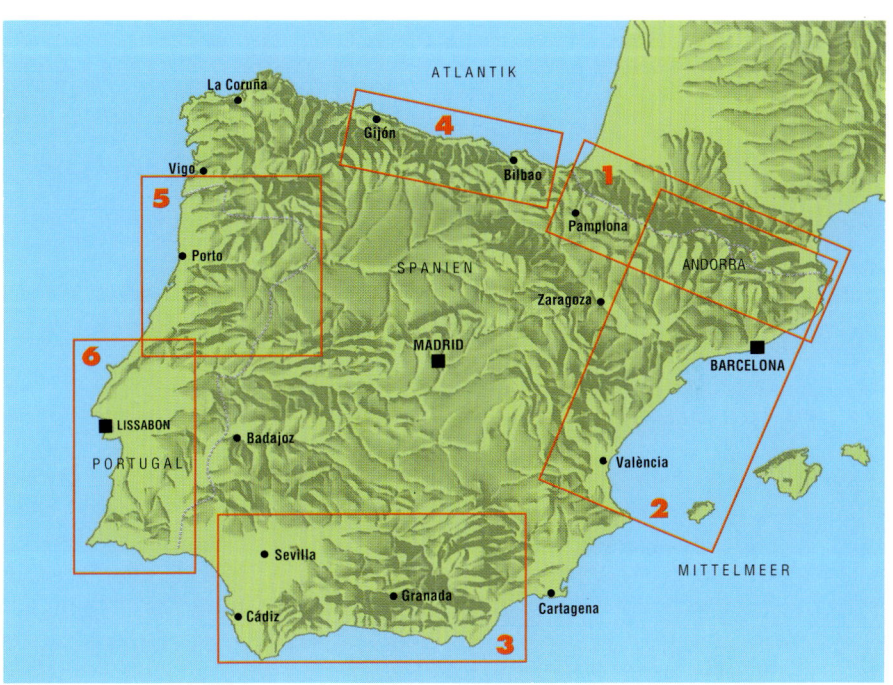

1 Pyrenäen
2 Katalonien/Valencia
3 Andalusien
4 Nordspanien
5 Nordportugal
6 Südportugal

SCHLANGENLINIEN

In den Pyrenäen, dem Gebirgszug, der zwei Länder
voneinander trennt, aber zwei Meere miteinander verbindet,
kann das schönste Verkehrsschild für Motorradfahrer,
das mit der Doppelkurve drauf, auch anders verstanden
werden: Schlangen auf der Fahrbahn.

Gehobene Wohngegend: Das Dorf Berdún

PYRENÄEN

Vom Berg Jaizkibel ist deutlich zu erkennen, wie das grüne Hügelland in sanften Wellen aus dem Meer steigt, von den Flecken dunkler Waldstücke überzogen wird, und in immer blasser werdenden, bläulichen Bergschichten mit dem Horizont zerfließt. Auf dem Bidassoa, dem Grenzfluß zu Frankreich, liegt eine Unzahl kleiner Boote als weiße Pünktchen vor Anker. Vor Hendaye zieht ein verlockender Sandstrand einen weiten Bogen, und geht dann in eine steile Felsküste über. Der Tag war brütend heiß, und die Wolken, die von Westen anrücken, versprechen heute Nacht noch eine gehörige Abkühlung. Aber nicht nur das entfernte Donnergrollen läßt mich zögern, mein Zelt irgendwo in die Landschaft zu stellen. Als ich vom Gipfel des Jaizkibel zurück zum Motorrad laufe, liegt eine erschlagene Schlange auf dem Weg. Zwar nur etwas dicker als mein Daumen, aber immerhin einen dreiviertel Meter lang. Da wandern die Augen plötzlich über jedes

Flach: Verkehrsopfer Schlange

Fleckchen Erde, bevor der Fuß auftritt. Mit den Beinen auf den Fußrasten fühle ich mich da schon deutlich wohler.

Die Küstenstraße von Hondarribia nach Pasai ist der richtige Einstieg in die Pyrenäentour. Sie windet sich in respektvoller Höhe über dem Meer nach Westen, vollgekritzelt mit Parolen, bei denen nicht immer klar ist, ob sie politische Bedeutung haben oder Radrennfahrer anfeuern sollen. Wer Zuhause noch schnell einen Spanischkurs durchgezogen hat, wird sich spätestens hier fragen wozu. Das X und die TZ nehmen im Wortschatz überhand, und alles hört sich irgendwie fremd, aber überhaupt nicht Spanisch an, es kommt einem höchstens Spanisch vor. Kein Wunder. Was hier gesprochen wird, ist eine der ältesten noch aktuellen Sprachen in Europa. Sie heißt Euskara und ist die Sprache der Basken. Für viele Basken ist Spanien eh ein anderes Land, deshalb sind auch oft die Ortsnamen auf Wegweisern übermalt oder durchgestrichen. Die

ALS ICH VOM GIPFEL DES JAIZKIBEL ZURÜCKLAUFE, LIEGT EINE ERSCHLAGENE SCHLANGE AUF DEM WEG

Einladend: Spanisch-griechisches Bankunternehmen

PYRENÄEN

DIE NEBEN-
STRASSE HINAUF
NACH LESACA
KRINGELT SICH
DURCH SATT-
GRÜNE WÄLDER
ÜBER EINEN
DEFTIGEN PASS

schlimmsten Auswüchse des Freiheitsdranges sind die Terroranschläge der extremistischen ETA. Dabei scheint gerade der Stolz des baskischen Volkes auf die eigene Geschichte und dieser enorme Wille zur Selbständigkeit der Grund zu sein, daß hier eines der freundlichsten Völker Iberiens zuhause ist.

Vielleicht hätte ich heute Morgen erst mein Horoskop lesen sollen. Zuerst hatte ich mich in Pasai im morgendlichen Berufsverkehrschaos total verfranst, und jetzt stehe ich, obwohl ich der Ausschilderung gefolgt war, mitten im Wald, und die Straße geht nicht mehr weiter. Dafür ist das Wetter äußerst abwechslungsreich. Schauer wechseln mit Nieselregen und Nieselregen wechseln mit Schauern. Aber hinter Oyar-

Tradition: Rotwein aus dem Lederschlauch

zun entspannt sich die Lage. Die Nebenstraße hinauf nach Lesaca kringelt sich durch sattgrüne Wälder über einen deftigen Paß, hinter dessen Übergang der Morgennebel schwerelos durch die Täler geistert.

Die »121 A« ist die Hauptver-

Verlassen: Kloster San Juan de la Peña

bindungsstrecke nach Pamplona. Da ich Lust auf Motorrad-Wandern habe, und nicht auf heikle Überholmanöver, weiche ich auf ein Sträßchen aus, das bei Irurita beginnt. Wieder eine schmale Paßstraße auf der das Verkehrsaufkommen gleich Null ist. Bau-

ern rechen mühsam das Heu von den steilen Wiesen, und stapeln es an in den Boden gerammten Holzpfählen zu kegeligen Türmen auf. So läuft das Regenwasser außen ab, und das Winterfutter für's Vieh hält bis ins Frühjahr, ohne daß eine Scheune

15

Verwurzelt: Am Col de la Pierre de Saint Martin

PYRENÄEN

DIE KÜHE MACHEN SO ETWAS WIE FREECLIMBING nötig wäre. Die Bauernhöfe kleben förmlich an den Hängen, und die Kühe praktizieren etwas, das aussieht wie Freeclimbing. Was sich während meiner ganzen Spanienreisen immer wieder gezeigt hat, wird auch hier bestätigt. Es scheint keine Straßenkarte zu geben, auf die man sich wirklich verlassen kann. Was auf der Karte asphaltiert sein soll, entpuppt sich

Durchbrochen: Felsenmauer im Valle de Anso

für einige Kilometer als Wald-
weg, der streckenweise mit deftigen Schlaglöchern gespickt ist.
Der Africa Twin ist das Wurst,
mir auch. Zumal nach knapp
fünf Kilometern wie zur Ent-

**Ruhe bitte: Relaxen im
Mohnblumenfeld**

schädigung eine herrliche Motorradstrecke beginnt.

Pamplona, die Hauptstadt der
Region taucht auf. Ich drehe eine
Runde durch die engen Balkon-
Alleen der Altstadt, und gönne
mir einen Café con Leche in einer der Bars. Noch ist es ruhig in
der Stadt, aber in wenigen Wochen, wenn die Feria de San Fermin beginnt, dann verwandelt
sie sich in einen kochenden Par-
tyraum. Dann werden Kampf-
stiere durch die Straßen der
Stadt getrieben, und wer glaubt,
seinen Mut, vielleicht auch nur
seine Unvernunft, beweisen zu
müssen, der hüpft in die Straße
und versucht den spitzen Hörnern zu entkommen. Verletzte
sind dabei an der Tagesordnung,
mehrfach hat es dabei auch Tote
gegeben. Schon jetzt hängen die
roten Schals, die roten Mützen

19

PYRENÄEN

Farbfernsehen: Sonnenuntergang über Katalonien

und die weiße Kleidung in den Schaufenstern, die während der Feria traditionell getragen wird.

Hinter Pamplona beginnt ein Abstecher ins Mittelalter. Artajona liegt in einer von weiten Getreidefeldern vergoldeten Landschaft. Auf einem Hügel über dem Ort steht die Kirche San Saturnio innerhalb einer beeindruckenden Ringmauer, die wie eine Burg mit zinnenbesetzten Wehrtürmen versehen ist. Erst innerhalb der Mauer wird deutlich, daß Wind und Wetter den Bauten schon arg zugesetzt haben. Die Renovierung ist bereits im Gange, doch

junge Kerle beim Pelota-Spiel die Zeit. Sie versuchen mir die Regeln zu erklären, aber meine etwas mangelhaften Spanischkenntnisse überzeugen mich bald, daß es einfacher ist, das Ganze irgendwo nachzulesen. Einige Kurven weiter strecken sich schon wieder steinerne Türme in den Himmel. Diesmal gehören sie zum Königspalast von Olite, in dem es sich einst die Könige von Navarra gut gehen ließen. Angeblich soll es in der Burg schon im vierzehnten Jahrhundert einen Tennisplatz gegeben haben. Ob das damalige Spiel mit dem heutigen allerdings mehr gemeinsam hatte als den runden Ball, darf bezweifelt werden. Trotzdem, unwirklich wie eine Filmkulisse für die Ritter der Tafelrunde steht der Palast am Rande von Olites Altstadt. Und auch diese ist prächtig bewahrt. Kein moderner Schnickschnack, nicht mal kitschige Andenkenläden verschandeln den Platz. Am Abend, wenn die Burg durch die künstliche Beleuchtung langsam in den Nachthimmel hinein wächst, dann fühlt man sich vor dem Café auf dem gepflasterten Ortsplatz wirklich in andere Zeiten versetzt.

Etwa fünfzehn Kilometer südlich von Olite beginnt eine

SIE LÖSCHEN IHREN DURST MIT EINEM SCHARFEN STRAHL AUS DEM LEDERNEN WEINSCHLAUCH

UNWIRKLICH WIE EINE FILMKULISSE FÜR DIE RITTER DER TAFELRUNDE, STEHT DER PALAST AM RANDE DER ALTSTADT

im Moment haben die Maurer Feierabend und löschen ihren Durst mit einem scharfen Strahl aus dem ledernen Weinschlauch. Ich darf mich auch mal an der Trinktechnik versuchen. Na ja, das T-Shirt hätte sowieso bald gewaschen werden müssen. Unten im Ort vertreiben sich einige

Reise ins Mittelalter: Der Königspalast von Olite

äußerst ungewöhnliche Landschaft, die Bardenas Reales.
Eine Stein- und Sandwüste, in
der Schotterfans auf ihre Kosten
kommen. Durch eine ausge-
sprengte Schlucht finde ich bei
Valtierra einen Einstieg in die
steil abfallenden Geröllhänge.
Die Orientierung erfolgt jetzt
nur noch nach dem Stand der
Sonne. Immer wieder gabelt sich
der Weg und nie bin ich sicher,
wo es weiter geht. Aber das ist
egal, das Gebiet ist nur etwa
zwanzig mal dreißig Kilometer
groß. Irgendwo geht es schon
raus.

Bei Caparroso finde ich wieder auf die Hauptstraße zurück,
und schon wieder liegt eine tote
Schlange auf der Fahrbahn. Ich
habe mich inzwischen ein Stück
von den Pyrenäen entfernt, und
es wäre eigentlich Zeit wieder in
die Berge hochzufahren. Aber
die grauen Schleier die dort hängen, sind eindeutig Regen-
schauer. Im Westen sieht der
Himmel freundlicher aus, und in
dieser Richtung liegt auch das

verlassene Kloster San Juan de la Peña. Die Erbauer hatten sich einen eindrucksvollen Ort für das Kloster ausgesucht. Es liegt versteckt unter einer überhängenden Felswand. Die Wolken haben sich inzwischen wieder aufgelöst. Um die geplante Strecke über den Col de la Pierre Saint Martin in Angriff zu nehmen ist es aber schon zu spät, für einen Zeltplatz noch zu früh. Gerade richtig, um zum Bahnhof von Canfranc hochzudüsen. Das mondäne Gebäude war mit Sicherheit einmal der schönste Bahnhof in den Pyrenäen. Sechs-

unddreißig Jahre lang fuhren die Züge auf einer abenteuerlichen Tunnelstrecke zwischen Frankreich und Spanien, bevor die Verbindung 1970 stillgelegt wurde. Heute ist er leider ein trauriges Beispiel für den Zerfall mangels Pflege. Und doch gibt er vor der Kulisse der kargen Bergwelt ein eindrucksvolles Bild ab. Bevor es dunkel wird, fahre ich wieder in tiefere Ebenen. Hinter Jaca suche ich mir – trotz toter Schlangen – einen Platz am Fluß unter einigen alten Bäumen. Aber gerade, als ich den Schlafsack ausrolle, beginnt

DURCH EINE AUSGESPRENG-TE SCHLUCHT FINDE ICH DEN EINSTIEG IN DIE STEIL ABFALLEN-DEN GERÖLL-HÄNGE

Brotzeitkulisse: Tropfsteinskulpturen am Rio Aso Vellos

Schreiben Sie uns und gewinnen Sie!

Unter den Einsendern werden jeden Monat 10 Büchergutscheine im Wert von jeweils 99 Mark verlost.

Lieber Leser,

Ihre Meinung ist uns wichtig! Nur durch Ihre Anregungen und Ihre Kritik können wir uns ständig verbessern. Bitte schreiben Sie uns doch auf dieser Antwortkarte, wie Ihnen das Buch gefallen hat.

Autor und Titel des Buches:

Meine Meinung zu diesem Buch:

Ich habe dieses Buch gekauft bei

☐ Buchhandel ☐ Versandhandel ☐ Sonstigem Händler

Vorname

Nachname

Straße

PLZ, Ort

Beruf

Geburtsdatum

Bitte schicken Sie mir **gratis** Ihren Prospekt mit allen lieferbaren Titeln zum Thema:

- ☐ Auto
- ☐ Motorrad
- ☐ Eisenbahn
- ☐ Luftfahrt
- ☐ Waffen
- ☐ Zeitgeschichte
- ☐ Maritim
- ☐ Reisen/Survival/Sport
- ☐ Fahrrad
- ☐ Pferde
- ☐ Hunde/Katzen
- ☐ Essen/Trinken
- ☐ Angeln/Tauchen

Bitte ausreichend frankieren

Antwortkarte

Paul Pietsch Verlage
Abteilung Kunden-Service
Postfach 10 37 43

70032 Stuttgart

Beinhart: Kurven am Port de la Bonaigua

PYRENÄEN

**Vitaminreich:
Sonntagsmarkt in Puigcerda**

auf der anderen Seite des Tales eine Knallerei, als wäre Silvester. Hoffentlich macht da keiner Schießübungen in meine Richtung. Unterbrochen durch längere Pausen beginnt die Knallerei immer wieder von neuem. Sogar am frühen Morgen werde ich einige Male geweckt. Als mich dann im Morgengrauen auch noch das Knattern tieffliegender Hubschrauber aus dem Schlaf reißt, kann ich mir denken was los ist. Das Militär spielt Krieg. Und tatsächlich, als ich wegen der permanenten Schlafstörungen kurze Zeit später weiterfahre, trottet eine Rotte schwarzbeschmierter Soldaten im Entenmarsch und schwerbewaffnet über die Fahrbahn. Durch eine

ER HATTE RECHT. DER WEG IST ENG UND FÜHRT DURCH EINE SCHLUCHT IN DIE BERGE HINAUF

Schlucht zwängt sich die Straße ins Valle de Ansó, steigt höher und stößt auf das Bergdorf Ansó. Nach der kriegerischen Nacht möchte ich wenigstens ein anständiges Frühstück. Gut, daß die Bar in Ansó bereits geöffnet hat. Es ist morgens um zehn, neben mir sitzt einer mit einer dicken Zigarre im Mundwinkel und einem Gläschen Likör vor der Nase, und aus den Lautsprechern tönen Vivaldis »Vier Jahreszeiten«. Ein Milchkaffee und einen riesigen Schinken-Bocadillo lassen den Tag gleich deutlich freundlicher aussehen. In solchen Momenten wundere ich mich immer wieder, wie wenig dazugehört, um sich richtig wohl zu fühlen.

Die knappe Antwort des Wirtes auf meine Frage, ob es sich lohnt die schmale Linie, die in der Karte nach Zuriza führt, mit dem Motorrad zu befahren, fällt eindeutig aus. Mas, mas bonito! Viel, viel schöner! Er behält absolut recht. Der enge Weg führt durch eine Schlucht in die Berge hinauf. Ein kurzer Paß wechselt hinüber ins Valle de Roncal, und dann werde ich Spanien für einige Kilometer untreu. Über den Col de la Pierre Saint Marin, der sogar mit einer 360 Grad Kurve aufwartet, wechsle ich nach Frankreich. Am eindrucksvollen

Pic du Midi d'Ossou vorbei, unter Bergsteigern als Matterhorn der Pyrenäen bekannt, geht es über den Paß El Portalet wieder nach Spanien zurück. Mit der Grenzstation, die längst nicht mehr besetzt ist, wird auch der Verkehr deutlich weniger. Der Stausee Lanuzea, bei Sallent de Gállego, liegt wie ein türkisfarbener Edelstein zwischen den Bergen. Das Dorf am gegenüberliegenden Ufer ist verlassen. Fenster fehlen und Dächer sind eingestürzt. Nur eine Schafherde blökt zwischen den Ruinen. Der Stausee hat Opfer gefordert, die Felder liegen jetzt unter Wasser.

Etwas weiter unten zweigt eine Sackgasse ab. Durch den »Schlund von Eskalar« steigt eine mutig angelegte Serpentinenstrecke hinauf nach Balneario de Panticosa. Die etwas heruntergekommenen Grand Hotels lassen noch immer erahnen, daß der Ort einst zu den Großen gehört hat. Über Biescas geht es weiter zum Nationalpark von Ordesa. Der Cirque de Gavarnie, ein Felsenkessel, der ein Stück der Grenze markiert,

DURCH DEN »SCHLUND VON ESKALAR« STEIGT EINE MUTIG ANGELEGTE SERPENTINENSTRECKE HINAUF NACH BALNEARIO DE PANTICOSA

Wie eine Festung: Monestario Sant Pere de Rodes

ist eines der ersten Ziele für Pyrenäen-Wanderer. Ich wollte eigentlich hinauffahren, aber diesmal ist der dünne Strich in der Karte kein befahrbarer Weg. Die rauhe Piste, die durch ein eindrucksvolles Tal am Fluß entlang führt, endet vor einer Bogenbrücke, hinter der ein Wanderpfad beginnt. Der nächste Tag bringt eine landschaftliche Überraschung. Das Valle de Añisclo entpuppt sich als gigantische Schlucht. Hunderte von Metern ragen steile Felswände empor. Der Fluß plätschert von einem grünlich schimmernden Wasserbecken zum nächsten. Die einspurige Straße unterquert Felsüberhänge und führt an offenstehenden Kalksteingebilden vorbei, wie sie sonst nur in Tropfsteinhöhlen zu finden sind. In Plan endet der Teer. Zwölf Kilometer steigt die steinige Piste hinauf zum Collado de Sahún. Auf den Almwiesen dort oben herrscht herrliche Stille, nur das Läuten einiger Kuhglocken dringt an die Ohren. Ich stelle die Honda an den Straßenrand, schmeiße die Klamotten ins Gras und lasse mich von der Sonne anstrahlen. Insgesamt 26 Kilometer Schotter liegen zwischen Plan und Chia. Die ersten Kilometer der Strecke sind ziemlich holprig, und wer

DER HOFHUND HAT ÜBERZEUGENDE ARGUMENTE DEN RÜCKZUG ANZUTRETEN

dazu kein geeignetes Motorrad hat, der fährt besser über den Puerto de Foradada, der etwas weiter im Süden liegt. Von dort geht es wieder hinauf nach Castejón de Sos, wo auch der Collado de Sahún wieder auf die Hauptstraße trifft. (Schlange

Traumlandschaft: Am Stausee von Lanuzea

Nummer 3 liegt überfahren auf der Fahrbahn!). Hinter dem Coll de l'Espina liegt das Dorf Castarne vergessen auf einem vorstehenden Felsen. Dorthin kommt bestimmt selten ein Fremder, und der halb zerfallene Wehrturm beim Ort macht mich neugierig. Aber ich muß mich mit einem Blick in die erste Gasse zufrieden geben. Der dortige Hofhund überzeugt mich zähnefletschend den Rückzug anzutreten. LIavorsi ist etwas für Leute, denen Motorradfahren nicht genug ist. Auf

PYRENÄEN

Ursprünglich: Das Bergdorf Castarne

dem Pallaresa, der weiter unten Rio Noguera heißt, wird neben Raftingtouren auch ein Sport namens Hidrospeed angeboten. Dabei läßt man sich, nur mit einem kleinen Schwimmbrett vor der Brust, acht Kilometer lang durch die Stromschnellen spülen. Eine weitere Variante überhitzte Gemüter abzukühlen ist das Canyoning. Mit Schwimmweste und Bergseil ausgerüstet, gilt es dabei wasserführende Schluchten zu durchsteigen.

Ich steige lieber wieder aufs Motorrad, zumal in Sort eine der besten Motorradstrecken der Pyrenäen beginnt. Vierzig Kilometer bester Kurven, auf gutem Teer und so gut wie verkehrsfrei. Am Wochenende fahren die Barcelonesen mit ihren Motorrädern bis hier rauf, um sich auszutoben. Die anschließende Einfahrt nach Andorra ist ernüchternd. Zwischen den steilen Wänden einer wilden Bergwelt ist alles vollgepfercht mit Wohnhäusern und Geschäften. Die Steuervorteile machen den Zwergstaat zum Einkaufsparadies. Auch Ersatzteile für Motorräder und Reifen sind hier günstig zu kriegen. Das ist die eine Seite von Andorra, die andere heißt Port d'Envalira, ist 2407 Meter hoch und hält, was sie auf der Karte

verspricht. Denn da war fast zu wenig Platz, um das Kurvengewimmel einzuzeichnen. Auch vor dem Port de Toses steht ein bei Motorradfahrern beliebtes Schild. Kurven auf einer Länge von vierzig Kilometern. Man muß mir schon verzeihen, daß ich nicht mehr so recht weiß, wie die Landschaft dort ausgesehen hat. Aber ich hatte wirklich keine Zeit, genauer neben die Straße zu schauen.

Dafür gibt es in Figueres um so mehr zu sehen. Das dortige Museum mit Werken von Salvadore Dalí gehört zum Pflichtprogramm. Draußen in Cadaques verabschiedet sich die rauhe Bergwelt der Pyrenäen. Am felsigen Cap de Creus, das wie eine Mondlandschaft wirkt, versinken die steinigen Hänge in den Fluten des Mittelmeeres. Ich fahre nach Port de la Selva und von dort hinauf zum Kloster Sant Pere de Rodes. Vierhundert Meter über dem Meer stelle ich das Zelt im Licht der untergehenden Sonne auf, setze mich auf ein paar Steine und lasse die stimmungsvolle Atmosphäre auf mich wirken bis es dunkel ist. Dann krieche ich in den Schlafsack und mache das Zelt besonders sorgfältig zu. Ich habe gehört, daß es hier Schlangen geben soll.

AM FELSIGEN CAP DE CREUS VERSINKEN DIE STEINIGEN HÄNGE IN DEN FLUTEN DES MITTELMEERES

31

INFO PYRENÄEN

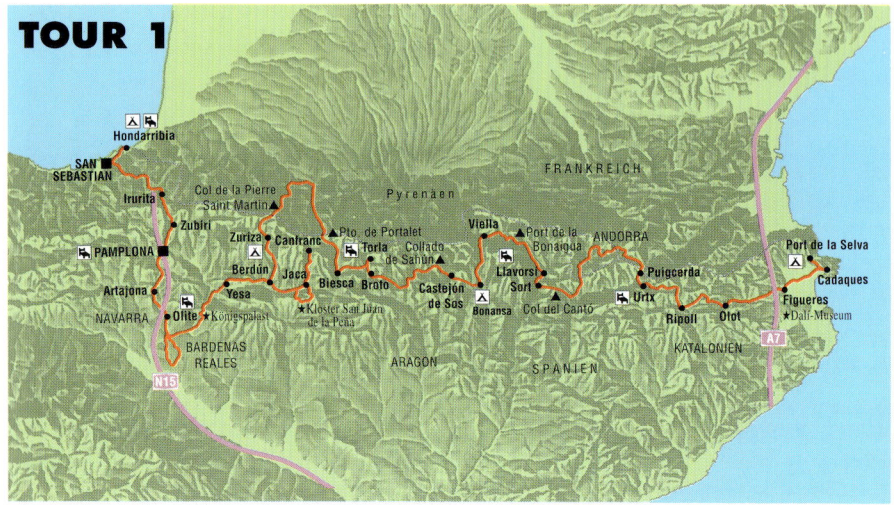

**Gefahrene Strecke:
etwa 1500 Km**

 Karte:

RV-Euro-Regionalkarte, Spanien
3/4, Pyrenäen, Costa Brava,
1:300 000.

 Route:

HONDARRIBIA – Pasai – Oyar-
zun – Lesaca – Berrizáun – Sante-
steban – Irurita – Eugui – Zubiri –
Pamplona – Cizur Menor – Espar-
za – Campanas – Artajona –

Tafalla – Olite – Caparroso –
Valtierra – (Bardenas Reales) –
Caparroso – Melida – Carcastillo –
Dangüesa – Javier – Yesa – Tier-
mas – Escó – Berdún – Puent la
Reina de Jaca – Santa Cruz de la
Serós – *Monasterio de San Juan de
la Peña* – Jaca – Canfranc Estasión
– Jaca – Berdún – Ansó – Zuriza –
Col de la Pierre Saint Martin –
Lourdios Ichere – Sarrance – Escot
– Bielle – Laruns – Gabas –
Escarrilla – Balneario de Panticosa
– Biescas – Linás de Broto – Torla
– Casas Bergés – Torla – Broto –
Sarvisé – Fanlo del Valle de Vio –

Vió – Escalona – Hospital – Salinas de Sin – Plan – (*In Plan beginnt ein 26 Km langer Schotterpaß über den Collado de Sahun der in Chia/Castejon de Sos wieder auf Asphalt trifft. Als asphaltierte Alternative bietet sich ab Escalona die Verbindung über Ainsa Sobrarbe – Fuendecampo – Puerto de Foradada und Campo bis Castejon de Sos an*) – Coll de Fadas – Laspaúles – Coll de l'Espina – Vilaller – Viella – Salardú – Port de la Bonaigua – Sorpe – Esterri d'Aneu – Escaló – LIavorsi – Rialb de Noguera – Sort – *Coll del Cantó* – Adrall – La Seu d'Urgell – ANDORRA – *Port d'Envalira – Col de Puymorens* – Carol – Bourg Madame – Puigcerda – Urtx – Toses – Ribes de Freser – Ripoll – Sant Joan de les Abadesses – Sant Pau de Seguries – La Vall de Bianya – Olot – Castellfollit de la Roca – Besalú – Figueres – *Castelló d'Empúries* – CADAQUES – *Cap de Creus* – Cadaques – Port de la Selva – *Monasterio Sant Pere de Rodes.*

Ei, ei, ei: Das Dalí-Museum in Figueres

INFO PYRENÄEN

 Anreise:

Aus Süddeutschland ab Grenzübergang Müllheim/Mulhouse
über Besançon, Chalon, Mont-
luçon, Limoges, Périgueux und
Mont de Marsan bis zur spanischen Grenze bei Irún sind es rund
1200 Kilometer.
Von Norddeutschland ab Aachen
über Reims, Paris und Bordeaux ist
es auf der Autobahn etwa genauso
weit.

 Übernachten:

No Problema. Im Wander- und
Kletter-Revier Pyrenäen gibt es
genügend Möglichkeiten sich
standesgemäß auf's Ohr zu hauen.
Knapp werden die Betten Ende
Juli und im August, wenn ganz
Spanien Urlaub macht. Die
Campingplätze sind meist recht
komfortabel ausgestattet und eig-
nen sich als Basislager, um auch
mal auf den eigenen Gehwerkzeu-
gen in Granitregionen vorzustoßen.
Die angegebenen Preisklassen
beziehen sich auf die Hochsaison
und gelten im Normalfall für Juli/
August und während der Osterwoche. Außerhalb dieser Zeit sind
die Übernachtungspreise deutlich
günstiger.

Hotel:
●●●● Parador Hondarribia
Plaza de Armas, 14
20280 Hondarribia
Telefon: 943/64 55 00
Fax: 943/ 64 21 53
Der Parador ist in der Burg
Karls V. untergebracht und steht an
einem der schönsten Altstadtplätze
der Pyrenäen.

●●●● Hotel Maisonnave
Calle Nueva, 20
31001 Pamplona
Telefon: 948/22 26 00
Fax: 948/22 01 66
Gutes Hotel, zentral in der Altstadt
gelegen. Während der Feria de San
Fermín steigen die Preise etwa auf
das Doppelte an. Außerhalb der
Hauptsaison bis 30 Prozent Preis-
nachlaß.

●● Hotel Carlos III el noble
Rua de Medios, 1
31390 Olite
Telefon: 948/74 06 44
Das Hotel befindet sich im mittel-
alterlichen Stadtkern von Olite.

●● Hotel Villa de Torla
Plaza Nueva, 1
22376 Torla
Telefon: 974/48 61 56
Fax: 974/48 63 65
Guter Ausgangspunkt für
Wanderungen in den Ordesa-
Nationalpark.

●● Hotel Lamoga
25595 Llavorsí
Telefon/Fax: 973/62 20 06
Der Chef spricht Deutsch. In Llavorsí besteht die Möglichkeit sich
das Leben mit Rafting, Canyoning
und anderen Heldentaten schwer
zu machen. (näheres unter Aktivitäten).

Pension:
●● Residència Cal Mateu
Plaça Major, 1
17538 Urtx
Telefon: 972/89 04 95
Das Haus gehört zur Organisation
Turismo Rural, was soviel wie
Urlaub auf dem Bauernhof be-
deutet. Es wird von sehr netten
Bauersleuten bewirtschaftet. Die
Zimmer sind alle mit Bad und im
Bestzustand. Es gibt Übernach-
tung mit Frühstück, für Selbst-
versorger steht eine Küche bereit.
Das Motorrad schläft in der
Garage.

Camping:
● Camping Faro de Higuer
20280 Hondarribia
Telefon: 943/64 10 08
Wenn die sanitären Anlagen auch
nicht gerade preisverdächtig sind,
der Platz ist der richtige Startort
für die Tour vom Atlantik zum
Mittelmeer. Die schönste Ecke
des Platzes liegt an der Nordseite,
direkt über den Meeresklippen.

● Camping Zuriza
Ansó (Pirineo de Huesca)
Km. 14 de la Carretera de
Ansó a Zuriza
Telefon: 974/37 01 96
Sehr schön in den Bergen
gelegener Platz.

● Camping Baliera
Ctra. National N-260, Km 365,5
Cruce Ctra. Castejón Sos.
25523 Bonansa
Telefon: 974/55 40 16
Der Platz ist sehr gut ausgestattet.
Er liegt an der N-230, kurz bevor
sie in die N-260 mündet. In der
Nähe ist der Aigües-Nationalpark.

● Camping Port de la Vall
Ctra. de Llançà a Port de la
Selva, Km. 6
17489 Port de la Selva
Telefon: 972/38 71 86
Recht guter Campingplatz am
Meer, leider nur mit einem kurzen
Kiesstrand. Im sechs Kilometer
entfernten Port de la Selva gibt es
einen Sandstrand.

 Gastronomie:

Espresso: Café solo; Espresso mit
wenig Milch: Café cortado; Milchkaffee: Café con Leche; Kaffee mit
Schnäpschen: Café carajillo; Rotwein: Vino tinto; Weißwein: Vino

blanco; Bier: Cerveza. Zum Frühstück geht der Spanier in eine Bar und bestellt sich einen Café con Leche und ein Croissant oder Gebäck mit Schokoladenfüllung. Typische Gerichte einzelner Regionen sind am ehesten in einem Restaurant mit der Bezeichnung Mesón zu bekommen.

 ## Klima/Reisezeit:

In den Pyrenäen herrschen von Ende Mai bis Mitte Oktober angenehme Temperaturen für Zweirad-Enthusiasten. Die angenehmsten Reisemonate sind Juni und September. Das atlantische Ende des Grenzgebirges ist niederschlagsreicher als die Mittelmeerseite. Auch für die touristischen Ecken der Pyrenäen gilt, wie auch für andere spanische Urlaubsorte, daß sie im August überlaufen sind, weil dann ganz Spanien Urlaub macht.

 ## Enduro:

Auf der gefahrenen Route führt über den Collado de Sahún ein 26 Kilometer langer Schotterpaß. Mit der vollbepackten Africa Twin war er problemlos zu befahren. Wem der Sinn nicht nach Schlaglöchern

steht, der kann den Paß über Ainsa-Sobrarbe auf Asphalt umfahren, und stößt bei Castejón de Sos wieder auf die weitere Strecke.

 ## Sehenswert:

Der Königspalast in Olite. Das Kloster San Juan de la Peña bei Jaca. Das Dalí-Museum in Figueres.

 ## Naturpark:

Auf der spanischen Seite der Pyrenäen gibt es zwei große Nationalparks. Den Parque Nacional de Ordesa und den Parc Nacional d'Aigües. In beiden finden sich interessante Wanderrouten.

 ## Veranstaltung:

Einmal im Jahr, vom 6. bis zum 14. Juli, während der Feria de San Fermin, sind die Nächte Pamplonas am Brodeln. Jeden Morgen um acht Uhr werden dann Stiere durch die Straßen der Stadt zur Stierkampf-Arena getrieben. Wer sich traut, kann sich zwischen den engen Gassen als Torero versu-

Heiße Abkühlung: Rafting auf dem Rio Noguera

chen. Bei dem Spektakel gibt es jedes Jahr viele Verletzte und manchmal auch Tote. Trotzdem gehört die Feria zu den Höhepunkten spanischer Festbräuche.

Die Übernachtungspreise in der Stadt steigen während dieser Zeit etwa auf das Doppelte. Ohne Vorbuchung ist kein Bett zu bekommen.

37

Ohne Schlange: Wilder Zeltplatz über El Port de la Selva

 # **INFO** PYRENÄEN

 Aktivitäten:

In Llavorsí gibt es für aufgeheizte
Lederträger umgehende Abküh-
lung. Neben Bungee Jumping und
Rafting wird auch Canyoning an-
geboten. Dabei werden, mit
Neoprenanzug und Helm ge-
schützt, wasserführende Schluch-
ten durchstiegen, durchschwom-
men und durchtaucht.
Für Raftingtouren genügt es, sich
einen Tag vorher per Telefon
anzumelden.
Adresse:
Carretera Vall d`Aran s/n 25595
Llavorsí
Telefon: 973/62 21 58
Fax: 973/62 21 34.

✉ **Adressen:**

Spanisches Fremdenverkehrsamt
Myliusstraße 14
Postfach 17 05 47
60323 Frankfurt/M.
Tel.: 069/72 50 33
Fax: 069/72 53 13

KATALONIEN/VALENCIA

Blaues Wunder: Die Mittelmeerküste bei Tossa

KONTRASTPROGRAMM

Die berüchtigte Costa Brava ist nicht alles.
Spaniens nordöstliche Mittelmeerküste hat mehr als
Meer zu bieten. Zum Beispiel Dali und Gaudi.

KATALONIEN / VALENCIA

Eingezwängt liegt Port Bou zwischen den engen Bergen der schroffen Felsenküste. Der Grenzort hat sich aus einem ganz banalen Grund sein altes Ortsbild bewahrt. Er kann keinen Sandstrand sein eigen nennen. So blieb er für Touristen, wenn sie denn überhaupt diese Strecke benutzten, nur Durchgangsort. Keine Touristenburgen, keine Wohnsilos, uninteressant für Immobilienhaie, nur einfach schön. Und Ausgangspunkt, um Spanien gleich einer angenehmen Seite kennenzulernen. Die Kü-

DIE STRASSE STÜRZT SICH SPEKTAKULÄR HINAB ZUM KÜSTENSTÄDTCHEN PORT DE LA SELVA

stenstraße hinunter nach Cadaques bringt die Hüften schon richtig in Schwung. In Llanca geht es kurz ins Landesinnere, und bei Vilajuiga biegt eine Straße zum Kloster Sant Pere de Rodes ab, das wie eine Burg in den Felsen steht. Dahinter stürzt sich die Straße spektakulär zum Küstenstädtchen Port de la Selva hinab.

Costa Brava, Costa Dorada, Costa Blanca – drei Küsten, die für Millionen Sonnenhungrige Spanien bedeuten. Und weil alle im August hin wollen und auch hinfahren, geht das Gerücht um,

Los Bordinis: Motorradakrobatik in Salou

Über Porrera: Wo, zum Kuckuck, ist hier die Kneipe?

daß dieses Stück Küste ein lautes und überlaufenes ist, das es zu meiden gilt. Dabei beginnt schon oben in St. Feliu de Guixols eine der schönsten Küstenstrecken des Landes. Gut, ein Genuß ist die kurvenreiche Strecke wirklich nur in der Nebensaison, aber dann gehört sie zum Feinsten. Hoch in den Bergen, die steil in ein tiefblaues Meer abfallen, schlingert sie angeschmiegt an die Form der Einbuchtungen, bis hinunter nach Lloret de Mar. Dort erst beginnt der so verrufene Abschnitt der Mittelmeerküste, der zwar endlose Sandstrände zu bieten hat, aber auch endlose Hotel- und Häuserreihen. Das Richtige nur für den Pauschalurlauber, dem es genügt, zwischen Strand und Hotel hin und her zu pendeln. Spätestens in Blanes ist es deshalb Zeit abzudriften. Die Ausläufer der Pyrenäen garantieren einen schwungvollen Umweg weit um Barcelona herum, zum Gebirge von Montserrat, das wie der Rücken eines Drachen in den Himmel ragt. Versteckt wie ein Adlerhorst ist das Kloster Montserrat oben in die

VERSTECKT WIE EIN ADLER-HORST IST DAS KLOSTER MONT-SERRAT IN DIE FELSEN GEBAUT

43

Löchrig: Eckturm am Park Sama bei Cambrils

Felsen gebaut. Es dürfte das meistbesuchte ganz Spaniens sein. Seit die Parkplätze größer sind als die Klosteranlagen hat es viel von seinem Zauber verloren.

Noch vor einigen Jahren hatte Barcelona mit Nachdruck an seinem schlechten Ruf gearbeitet. Auf den Ramblas wurde geklaut, was nicht niet- und nagelfest war, und die Preise, vor allem in den Restaurants, schwebten in astronomischen Bereichen. In einigen Kneipen konnten ohne Anstrengung 180 Märker für ein ganz normales Essen ausgegeben werden. Dann kamen die Olympischen Spiele und damit, zumindest für Besucher, ein kaum zu begreifender Umschwung. Um die Stadt, oder besser deren Repräsentanten auf Vordermann zu bringen, wurden damals sogar für die Polizei und die Gastronomen Kurse durchgeführt, in denen erklärt wurde, wie mit Touristen auf anständige Art und Weise umzugehen sei. Zusammen mit weiteren Maßnahmen hat das Wirkung gezeigt. Den Rest hat die Wirtschaftskrise Anfang der 90er Jahre von selbst geregelt. Die Preise konnte sich bald keiner mehr leisten, und das soll in Spanien etwas heißen. Der Spa-

**Übungssache:
Zieltrinken aus dem Porron**

nier hat nämlich die große Vorliebe, das Geld auszugeben, das er noch gar nicht hat. Wenn er also zu sparen beginnt, und das auch noch am Essen, dann ist die Lage mehr als schlimm. So hat es sogar recht kuriose Entwicklungen gegeben. Das Restaurant La Fonda, in einer Seitenstraße der Ramblas gelegen, also einer der teuersten Meilen der Stadt, rühmt sich, das billigste Essen in der ganzen Stadt anzubieten. Abends steht eine Menschenschlange vor der Tür, und ein Wächter läßt nur ein, wenn ein Tisch frei wird. Vom La Fonda führt eine Gasse direkt zur Placa Real, für viele der schönste Platz in Barcelona. In dem weiten, von lückenlosen Häuser-Reihen eingerahmten Karree spenden gewaltige Palmen

DAS RESTAURANT LA FONDA RÜHMT SICH, DAS BILLIGSTE ESSEN IN GANZ BARCELONA ANZUBIETEN

45

KATALONIEN/VALENCIA

Hey guckt mal Amigos, ne' BMW R 1100 GS

Schatten, und auf den Stühlen der Kaffeehäuser läßt so mancher Lebenskünstler in aller Ruhe den Tag vergehen. Ich spaziere weiter, zwischen Gauklern und Vogelhändlern ein Stück die Ramblas hoch, zum Mercado La Boqueria. In der großen Markthalle wird all das verkauft, was in den Restaurants rundum angeboten wird. Jede Art und Form von Meeresgetier, vom Thunfisch bis zum lebenden Krebs, will an den Mann gebracht werden. Daneben gibt es Obst und Gemüse in Massen,

und einen Stand weiter liegen gehäutete Schafsköpfe in denen noch die Augäpfel wabbern. Hier kann es schon mal sein, daß man den Köchen der Nobelrestaurants begegnet, die sicher sein wollen, wirklich beste Qualität zu einzukaufen.

Architektonisch hat Barcelona Einzigartiges zu bieten. Die Handschrift von Antonio Gaudí ist ein Markenzeichen der Stadt. So entstand nach seinen Plänen die ungewöhnliche Kirche Sagrada Familia mit ihren bizarren Türmen, an der schon seit über hundert Jahren gebaut wird. Ein Ende ist immer noch nicht abzusehen. Auch der Güell-Park ist ein Werk Gaudís. Die Phantasie des Künstlers ist in dem Gelände zu Stein geworden. Früher galt der östliche Stadtteil am Hafenende der Ramblas als heikles Pflaster. Nachts war ein Spaziergang dort nicht besonders empfehlenswert. Auch hier hat sich einiges geändert. Die Ecke der Stadt zählt zu den wirklichen Gewinnern der letzten Jahre. Das zwielichtige Volk, das früher hier rumlief, ist einige Häuserblocks weitergezogen, auf die Westseite der Ramblas. Dort sind nach Mitternacht seltsame Damen mit verdächtig kräftig behaarten Beinen unterwegs, und die Drogenszene ist hier ebenfalls zugange. Aber zurück von dieser düsteren Ecke, zur Weltstadt mit Flair. Am Tage ist von all den dunklen Seiten nichts zu spüren, dann läßt es sich ohne Bedenken durch die engen Gassen schlendern. Aus Barcelona rauszufahren ist eine Geduldsprobe. Fünfzig Kilometer hinter der Stadt jedoch beginnt wieder bestes Zweirad-Terrain.

Ein wirklich prickelndes Zentrum Spaniens ist St. Sadurni de Noya. Dutzendweise gibt es im Ort Sektkellereien. Die größten

Hersteller sind Codorniu und der auch bei uns bekannte Freixenet. Viele der Kellereien können untertags besichtigt werden, aber abends um halb Sieben ist das nicht so einfach. Ich versuche es in einer kleinen Kellerei und werde prompt wieder hinausbefördert. Aber einem Arbeiter gefällt die BMW. Er will einiges über die Maschine wissen und nimmt dann die Besichtigung selbst in die Hand. Er führt mich durch die Lagerkeller und es ist interessant, daß viele Arbeitsgänge noch per Hand erledigt werden. So wird sogar jede einzelne Flasche nach dem Verschließen vor einer kleinen Leuchtwand per Auge auf ihre Reinheit geprüft. Wie genau nun aus den Trauben Sekt entsteht, weiß ich nach der

Handarbeit:
Reisaussaat im Ebrodelta

KATALONIEN/VALENCIA

Temperamentvoll: Flamenco-Gitarrist in Tarragona

Führung noch immer nicht, aber das erfahre ich bei meiner nächsten Station. Quer durch überraschend grüne und fruchtbare Landschaften mache ich mich auf die Suche nach dem Schloß von Pedro Gil, der in einem Teil der alten Gemäuer Zimmer eingerichtet hat, weil das spanische Hinterland immer mehr Touristen anzieht. Aus den Trauben, die um das Schloß angebaut werden, hatte er bis vor kurzem selbst Sekt gekeltert. Seine Frau kann mir alles genau erklären, und so komme ich nun doch noch zu einem ausführlichen Sektlehrgang.

Eine Nacht später geht es weiter nach Prades, das am Fest des Heiligen Jaume eine Attraktion zu bieten hat, die einzigartig sein dürfte. Dann nämlich fließt aus dem kugelförmigen Brunnen am Dorfplatz Sekt. Heute gibt es leider nur Wasser.

Salou, eine Stadt, die vor allem im Sommer lebt, hat gerade mal 2500 Einwohner, aber Kapazitäten für 250 000 Gäste. Neben Benidorm ist das der zweite Mammut-Urlaubsort der Spanier an der Mittelmeerküste. Ein Ort, der gar nicht erst versucht, irgendwelche Fischeridylle zu verbreiten. Das soll aber nichts Schlechtes heißen. Am Tag ist der breite Sandstrand

**Dramatisch: Karfreitags-
prozession in Tarragona**

voll besetzt, und nachts ab ein Uhr geht in den Discos bis in den frühen Morgen die Post ab. Fünf Minuten von Salou liegt Tarragona. Die Stadt war einst Hauptstadt des römischen Reiches in Iberien. Daraus hat sich eine dramatische Tradition entwickelt. Eine nächtliche Karfreitagsprozession, während der über drei Stunden lang römische Soldaten und düstere Kapuzenmänner riesige Figurengruppen, welche die Kreuzstationen darstellen, durch die Gassen der Altstadt tragen. Ein guter Grund, um während der Semana Santa, der Osterwoche, hierher zu reisen. Von Salou in

**DANN NÄM-
LICH FLIESST
AUS DEM
KUGELFÖRMI-
GEN BRUNNEN
AM DORFPLATZ
SEKT**

49

Nachtschwärmer: An den Ramblas in Barcelona

KATALONIEN / VALENCIA

Aprilscherz: Im sonnigen Spanien.....

DER FELS IST KÜNSTLICH, UND HINTER DER MAUER BE- FINDET SICH EIN EXOTISCHES KLEINOD ALTEN HERRENTUMS

die andere Richtung, wenige Kilometer von Cambrils de Mar, steht an der Ecke einer Mauer ein löchriger Fels, auf dem ein Türmchen thront. Der Fels ist künstlich, und hinter der Mauer befindet sich ein exotisches Kleinod alten Herrentums. Der Parque Sama, Ende des neunzehnten Jahrhunderts von einem Marques angeschafft, der den Verlust kubanischer Kolonialzeiten nicht verkraftet hatte. Ein fünf Kilometer langer, unterirdischer Kanal versorgt die hundertjährigen Palmen und die exotisch-kitschige Seenanlage mit Wasser. Vom Eckturm aus ist im Westen, hoch auf der Kuppe eines rötlichen Felsens, ein weißes Gebäude zu erkennen. Es gehört zur Einsiedelei Madre Deus de la Roca, deren Lage das Einsiedlerleben bestimmt nicht erschwert. Oben angekommen reicht die Sicht über weite Orangen- und Olivenbaumplantagen, bis zur bläulich schimmernden Mittelmeerküste. Um hinauf zum

Kurvenreich: In der Sierra del Montsant

Schloß Escornalbou zu kommen, nehme ich, anstatt über Montbrio del Camp zu fahren, eine Abkürzung durch das trockene Flußbett des Riudecanyes bis zum gleichnamigen Ort. Im Herbst letzten Jahres gab es hier zum letzten Mal Regen. Die Landschaft ist trocken wie Holzkohle. Eine achtlos weggeworfene Zigarettenkippe kann hier binnen kürzester Zeit zur Katastrophe führen. Die extremen Trockenzeiten mehrten sich in den letzten Jahren, sodaß Trinkwasser-Reservoirs, wie das Staubecken bei Riudecanyes, immer nötiger werden. Spanische Dörfer, wie aus dem Bilderbuch, liegen an den Hängen der Sierra del Montsant. Eng sind die Häuserreihen aneinander gebaut, und ganze Straßenzüge werden von lückenlos aneinandergereihten Hausfronten gebildet. So sind die Ortschaften in den kalten Jahreszeiten gegen den Wind geschützt, und während der brütend heißen Sommer hat die

SPANISCHE DÖRFER WIE AUS DEM BILDERBUCH LIEGEN AN DEN HÄNGEN DER SIERRA DEL MONTSANT

53

Starlightexpress: Durchgestylte Harley in Barcelona

Immerhin soll es hier die zweit-schwierigste Kletterstrecke der Welt geben. Zum Dorf hinauf gibt es eine staubige Sandpiste, die einfach zu fahren ist. Und ein eingestaubtes Motorrad lohnt sich allemal für eine Zelt-nacht in Traumlage auf dem Plateau. Für die Versorgung sind inzwischen auch wieder zwei Restaurants im Betrieb.

Die weitere Strecke durch die Berge ist so kurvig, daß an ein schnelles Vorankommen nicht zu denken ist. So ist es schon spät, als ich in Tortosa die Sack-gasse zum 1447 Meter hohen Caro in Angriff nehme. Da Tor-tosa fast auf Meereshöhe liegt, sind für den steilen Anstieg enge Kehren zu umkurven, bevor tief unter mir, zwischen grauen Bergkuppen, das Mün-dungsgebiet des Ebro auftaucht. Das Ebro-Delta ist Natur- und Vogelschutzgebiet. Im Herbst stelzen rosafarbene Flamingos durch das flache Wasser. Jetzt schnattern nur ein paar Enten herum und einzelne Reiher picken Würmer aus dem Schlick. Das Gebiet wird aber auch von Bauern genutzt. Links und rechts der Straße glitzern Hunderte von Reisfeldern in der Sonne, dem Hauptprodukt des Deltas. In einem steht sogar noch einer der selten gewordenen Eselskarren,

Sonne nur wenig Zeit, die Mau-ern aufzuheizen. Zwischen 14 und 16 Uhr scheint alles wie ausgestorben, dann wird Siesta gehalten. Anders läßt sich die Hitze nicht ertragen. Erst abends kommt wieder Leben auf. Die Alten treffen sich am Dorfplatz und halten ihr geruh-sames Schwätzchen, die Jungen parken ihre Mopeds vor der Bar und lümmeln Cola trinkend auf den Plastikstühlen rum. Auf einem Felsplateau östlich von Cornudella de Montsant ist ein spitzer Kirchturm zu erkennen. Er gehört zum Dorf Siurana de Prades, das schon verlassen war, weil die Brunnen versiegt waren. Inzwischen wurden die umliegenden porösen Felswän-de von Freikletterern entdeckt.

DIE ALTEN TREF-FEN SICH AM DORFPLATZ UND HALTEN IHR GERUHSAMES SCHWÄTZCHEN

von dem ein Bauer das Saatgut in seine Wanne aufnimmt, um es mit hochgekrempelten Hosen und schwungvoller Armbewegung über das Feld zu streuen. Die Halbinsel Punta de la Banya, im Süden des Deltas, ist durch einen befahrbaren Sandstreifen mit dem Festland verbunden. Weil ich hinaus zum Strand will, verlasse ich den eingefahrenen Weg, aber ich habe die Festigkeit der Sanddecke überschätzt. Kurz bevor ich am Ufer ankomme, gräbt sich das Hinterrad der BMW bis zum Kardan in den Sand. Nichts geht mehr. Ich muß das ganze Gepäck abschnallen und das Motorrad aus der gegrabenen Kuhle heben.

Als ich einen Tag später in Morella die Maschine startklar mache, ist es empfindlich kalt geworden. Nach wenigen Kilometern verschwindet die gewaltige Burgruine, um die sich das mittelalterliche Morella gruppiert, hinter den Bergkuppen. In Fahrtrichtung ist nicht viel zu sehen, ein grauer Schleier versperrt die Sicht. Eine kräftige Regenwalze scheint über das Land zu ziehen. Meine Prognose ist nicht ganz richtig. Minuten später fällt kein Regen,

KURZ BEVOR ICH AM UFER ANKOMME, GRÄBT SICH DAS HINTERRAD DER BMW BIS ZUM KARDAN IN DEN SAND

Barcelona: Portraitmalerin an den Ramblas

KATALONIEN/VALENCIA

Ganz oben: Auf dem Gipfel des Monte Caro

sondern Schnee. Irgendwie ist das pervers. Vor wenigen Tagen, in Salou, war es noch brütend heiß. Der Strand war voll mit Bratwilligen, die mich wie einen Außerirdischen beobachteten, weil ich wegen einer Erkältung mit Rollkragenpulli am Strand rumlief. Und jetzt, einige hundert Kilometer vor Andalusien, wo mancher im milden Klima überwintert, fällt im Frühjahr Schnee. Schade, daß er nicht liegen bleibt, denke ich anfangs noch, das gäbe ungewöhnliche Fotos. Zwanzig Minuten später ist die Landschaft weiß wie ein Leintuch, und auch auf der Straße bleibt eine dünne Matschschicht liegen. Noch drückt das Gewicht der BMW auf den Teer durch, aber wenige Kilometer hinter Fortanete liegt der Schnee bereits zentimeterhoch auf der Fahrbahn. Das Schneetreiben wird immer dichter, und vor mir liegt ein Paß. Ich kehre um. Auf dem Weg zurück nach Fortanete bricht das Hinterrad immer wieder aus, und ich habe bereits Mühe, den leichten Anstieg in den Ort ohne Umfaller zu schaffen. Es gibt eine einfache Unterkunft, und ich beschließe das Beste aus der Lage zu machen. Ich gehe ins Restaurant, bestelle eine Flasche Rotwein und lasse mir auftischen. Auf den Ziegeldächern liegen bald zwanzig Zentimeter von der weißen Pracht. Der Wirt meint, wenn es aufhört zu schneien, dann fährt morgen früh vielleicht ein Schneepflug durch. Seit sieben Monaten gab es keinen nennenswerten Niederschlag, die Bewohner sind also froh drum. Aber daß er Ende April als Schnee runterkommt, ist so ungewöhnlich, daß es, wie ich später erfahre, sogar in den Nachrichten in Deutschland gesendet wird. Am nächsten Morgen ist zumindest die Durchfahrtsstraße im Ort einigermaßen frei. Die Teerdecke ist nur naß und nicht gefroren. Weiter geht's, allerdings weiter bergauf, und bald schweben wieder weiße Flocken auf das Visier. Es ist verrückt, eine richtige Winterlandschaft, wie ich sie mir für Weihnachten immer wünsche im Sonnenland Spanien. Bald ist auch die Fahrbahn schneebedeckt, und es geht immer noch nach oben. Beide Füße zum Abfangen gelegentlicher Ausrutscher knapp über dem Boden, bin ich um zwei Eigenschaften der BMW heilfroh. Die eine ist die hervorragend dosierbare Leistung des Motors schon im untersten Drehzahlbereich, was verhindern hilft den Grip zu unterbrechen. Die andere ist die Griffheizung. Wenn ich auch die Zehen kaum noch spüre, so sind doch wenigstens die Finger schön warm. Knapp 1700 Meter hoch ist der Paß vor Cedrillas. Da grinst der Humor nur noch aus dem Kellerloch. Bergauf geht es mit 30 km/h, bergab mit 15 km/h. Erst in Teruel wird es ein wenig wärmer, der Schnee vermischt sich langsam mit Regen. Als ich Stunden später unten in Oliva einen Campingplatz am Meer suche, ist es kaum zu glauben, daß sich nur hundert Kilometer von hier der Winter nochmal austobt. Aber am Sandstrand, in der warmen Sonne liegend, wird das von Minute zu Minute unwichtiger.

ES IST VERRÜCKT, EINE RICHTIGE WINTERLANDSCHAFT WIE ICH SIE MIR FÜR WEIHNACHTEN IMMER WÜNSCHE

INFO KATALONIEN / VALENCIA

TOUR 2

Port Bou
Port de la Selva • Cadaqués
Figueres
Dalí-Museum★ *Costa Brava*

S I E R R A D E
M o n t s e n y
Calonge

S P A N I E N
Tossa
Tona
KATALONIEN
Blanes

Montserrat★
Sarduni
de Noya
A7
Costa Dorada
Sta. Coloma de Queralt
★Sektkellereien
■ BARCELONA

Prades • Riudabella
Siurana
A2
Tarragona
★Parque Sama
Ebro

Valderrobres
Tortosa ★Ebro-Delta
Cáro
St. Carles de la Rapita

Mirambel
Morella
Fortanete

Teruel
Costa del Azahar
A7
VALENCIA

MITTELMEER

■ VALENCIA

Requena

Costa Blanca

Oliva

Gefahrene Strecke:
etwa 1750 Kilometer

INFO KATALONIEN / VALENCIA

 Karte:

Für Katalonien: Telstar Distrimapas, Catalunya, Comarques, 1:280 000. Die Karte ist sehr genau. Sie ist an Tankstellen im Land erhältlich. Für die Strecke durch die Region Valencia genügt die Spanien-Übersichtskarte vom RV-Verlag, Spanien/Portugal, 1:800 000.

 Route:

Port Bou – San Miguel de Colera – Llança – Vilajuiga – San Pedro de Roda – El Port de la Selva – Cadaqués – *Cap de Creus* – Cadaqués – *Castelló d'Empuries* – Vila Sacra – FIGUERES – Torroella de Fluvià – Verges – Parlava – La Bispal – Calonge – Sant Feliu de Guixols – Canyet de Mar – Tossa – LLORET DE MAR – Blanes – Hostalric – Sant Celoni – Ermita de Santa Fe – Viladrau – Taradell – Tona – Balenyà – Moia – Manresa – Castellgal – El Burès – Montserrat – *Kloster Montserrat* – El Bruc – Esparreguera – Martorell – BARCELONA – St. Feliu de LL – La Palma de Cerveló – Corbera de Llobregat – Gelida – La Valenciana – St. Sadurni de Noya – El Pla de Penedes – Les

Obagues – L'Avellà – Font Rubi – Les LIombardes – La Llacuna – Sta. Coloma de Queralt – Les Piles – Sarral – Montblanc – *Ab Montblanc gibt es zwei Möglichkeiten bis Riudabella zu fahren. Entweder auf einer normalen Teerstraße über L'Espluga de Francoli und Poblet, oder auf einer engen, anfangs geteerten Straße bis Rojals, und weiter auf Schotter zur Straße zwischen Poblet und Riudabella. Hier ist aber gutes Orientierungsvermögen gefragt, da mehrere Abzweigungen nicht ausgeschildert sind. Weiter ab Riudabella:* Prades – La Febró – La Mussara – Vilaplana del Camp – L'Aleixar – Maspujols – Reus – Salou – Cambrils de Mar – Montbrió del Camp – Mont Roig del Camp – M. D. de la Roca – Mont Roig del Camp – Montbrio del Camp – Riudecanyes – *Schloß Escornalbou* – Riudecanyes – Duesaigües – Porrera – Cornudella de Montsant – Siurana de Prades – Cornudella de Montsant – La Morera de Montsant – Cartoixa de Scala Dei – La Vilella Baixa – Gratallops – Lloà – El Molar – Garcia – Móra la Nova – Benifallet – Tivenys – Tortosa – *Caro (Berggipfel)* – TORTOSA – Amposta – St. Charles de la Ràpita – Casablanca – El Poble Nou del Delta – *El Trabucador (Strandweg)* – Urbanització Els Eucaliptus – Delteb-

INFO KATALONIEN/VALENCIA

re – Amposta – TORTOSA – Xerta – Prat de Comte – Arnes – Valderrobres – Pena Roja – Herbers – Morella – Mirambel – Cantavieja – Fortanete – Villarroya de los Pinares – Cedrillas – Teruel – Villastar – Torre Baja – Ademuz – Santa Cruz de Moya – Titaguas – Tuéjar – Casa de Medina – Villar de Remedio – Requena – Pontón – La Portera Los Herreros – Dos Aguas – Millares – NAVARRES – Canals – Ontinyent – Muro del Comtat – Benimarfull – Pego – Oliva.

 Anreise:

Vom der deutsch-französischen Grenze bei Müllheim/Mulhouse sind es auf der französischen Autobahn über Chalon, Lyon, Narbonne bis zur spanischen Grenze rund 850 Kilometer. Die Autobahn in Frankreich ist mautpflichtig. Für ein Motorrad kostet die einfache Strecke etwas über 60 Mark. Sehr komfortabel ist die Anfahrt im Autoreisezug bis Narbonne in Südfrankreich.

Fürstlich nächtigen: Kaminzimmer im Castillo de Riudabella

Möglich ist das von den Bahnhöfen in Hamburg, Hannover, Düsseldorf, Köln, Neu-Isenburg und München. Abfahrt ist an maximal drei Tagen pro Woche, je nach Zusteigebahnhof zwischen 13 und 19 Uhr. Ankunft in Narbonne ist am nächsten Morgen um 10 Uhr. Die Züge verkehren von Frühjahr bis Herbst. Dazu benötigt das Motorrad einen Hauptständer, damit es auf dem Transport-Waggon verzurrt werden kann. Die Fahrzeugverladung beginnt eine Stunde vor Abfahrt. Der Transportpreis, der je nach Abfahrtstag und -bahnhof für eine Person und ein Motorrad für die einfache Fahrt zwischen 450 und 600 Mark liegt, schließt einen Schlafplatz im Zug mit ein.

 Übernachten:

Hotels:
● ● ● Hotel Oriente
Ramblas 45 und 47
08002 Barcelona
Telefon: 93/302 25 58
Fax: 93/412 38 19
Das Hotel befindet sich direkt an den Ramblas.
In dem altgedienen Haus stiegen früher die großen Stierkämpfer ab.

● ● ● ● Hotel Sol Apolo
Avda. Paral.lel, 57-59
08004 Barcelona
Telefon: 93/443 11 22
Fax: 93/443 22 94
Modernes Hotel, nicht weit von den Ramblas. Für die Preislagen in Barcelona recht günstig. Da Barcelonas Hotels von Geschäftsleuten leben, die nur wochentags hier sind, gibt es am Wochenende 50 Prozent Rabatt.

● ● ● Hotel Rey Don Jaime
Juan Gimer, 6
12300 Morella
Telefon: 964/16 09 11
Morella ist ein mittelalterliches Bilderbuchstädtchen mit beeindruckender Burgruine.

● ● Hotel R. Berenguer
Cervantes, 23
43500 Tortosa
Telefon: 977/44 08 16
Fax: 977/44 55 13

● ● Hotel Juanito Platja
Passeig Marítim s/n
43540 Sant Carles de la Ràpita
Telefon: 977/74 04 62
Fax: 977/74 27 09
Zimmer in ruhiger Lage direkt am Meer. Wenn möglich ein Zimmer zur Meeresseite geben lassen.

61

Pensionen:
Castillo de Riudabella
Pedro Gil
43430 Riudabella (bei Vimbodi)
Telefon: 977/87 80 40
Unterkunft in einem alten
Schlößchen. Sehr gemütliches
Appartement, bestehend aus drei
Doppelzimmern, Küche, Bad und
Kaminzimmer. Die Unterkunft ist
für Selbstversorger gedacht und
wird nur komplett vermietet. Die
Schloßherrin spricht Deutsch.
Komplettpreis für maximal sechs
Personen: 20 000 Ptas/Nacht.

● Refugi »Ciniac Boret«
43362 Siurana
Telefon: 977/82 13 37
Schlafsack-Unterkunft in Toplage.
Das einfache Gebäude steht auf
einem Felsblock neben dem Dorf.
Ein Restaurant ist gleich in der
Nähe.

**Gleichgesinnt:
Bikertreff bei Cambrils**

● Fonda Guimera
Calle Agustín Pastor, 28
Mirambel
Telefon: 964/17 82 69
Mirambel ist ein sehr gut erhalte-
nes Dorf aus dem Mittelalter.

Camping:
● Camping Port de la Vall
Ctra. de Llançà a Port de la
Selva, Km. 6
17489 Port de la Selva
Telefon: 972/38 71 86
Recht guter Campingplatz am
Meer, leider nur mit einem kurzen
Kiesstrand.
Im sechs Kilometer entfernten
Port de la Selva gibt es einen
Sandstrand.

● Camping Prades
Ctra. T-701
43364 Prades (Taragona)
Telefon:977/86 82 70
Wenn es an der Küste zu heiß
wird, dann gibt es im 950 Meter
hoch gelegenen Prades zumindest
eine leichte Abkühlung.

● Camping Mediterrani Blau
Platja Eucaliptus
43877 Sant Jaume D'Enveja
Telefon: 977/46 81 46
Ruhig gelegener Campingplatz
am breiten Sandstrand des Ebro-
Deltas.

● Euro Camping
Apartado Nr. 7
46780 Oliva
Telefon: 96/285 40 98
Sehr ordentlicher Campingplatz in
ruhiger Lage direkt am Sandstrand.
Ab zwei Nächten gibt es Rabatt.

 Gastronomie:

Für den kleinen Hunger gibt es
eine Unzahl von Tapas-Bars, in
denen verschiedene kleine Gerichte, warm oder kalt, angeboten
werden. Das funktioniert ohne
große Sprachkenntnisse, da alles
aus einer Vitrine an der Bar ausgesucht werden kann. An der Küste
schmecken natürlich Fischgerichte
am besten, und zwar zu erfreulich
günstigen Preisen. Auffallend gut
wird das Meeresgetier im Restaurant »El Tirol« in Salou zubereitet.

 Klima/Reisezeit:

Im März sind die Temperaturen an
der nördlichen Mittelmeerküste
noch sehr vom Wetter abhängig.
Ab Anfang April aber wird es dort
schon ziemlich heiß, in den Bergen
herrscht dann angenehmes Motorradwetter. Daß es dort im April
noch schneit, so wie in der Repor-

tage beschrieben, ist unge-
wöhnlich. Der August ist zum
Motorradfahren zu heiß und die
Küste ist während dieser Zeit total
überlaufen. Sehr angenehm ist der
Herbst, ab Mitte September.

 Sehenswert:

Das Dalí-Museum in Figueres. Das
Kloster Montserrat. Die Sektkelle-
reien in Sadurni de Noya. Die
Karfreitags-Prozession in Tarrago-
na. Der Parque Sama bei Cambrils.
Das Ebro-Delta. Meine persönli-
chen Favoriten in Barcelona: Die
Kirche Sagrada Familia und der
Güell-Park von Antonio Gaudí, das
Picasso-Museum, das
Wachsfigurenkabinett und der
Markt »La Boqueria« an den
Ramblas.

 Treffpunkt:

Zwei Kilometer von Cambrils an
der N 340 steht das Biker's House.
Ein Restaurant, das 1995 von zwei
Motorradfahrern eröffnet wurde
und von solchen auch viel besucht
wird.
Adresse: Bikers House, Ctra.
Nacional 340, km 1.142, Apartat
de Correus 306, 43850 Cambrils.

Sportsgeist: Bayerisches Gewichtheben im Ebrodelta

INFO KATALONIEN / VALENCIA

 Literatur:

Der Reiseführer »Barcelona« aus
dem Vista Point Verlag ist günstig
im Preis, handlich in der Größe
und enthält einen Stadtplan. Die
meisten Reiseführer behandeln
Gesamtspanien. Unter diesen ist
das Standardwerk von Michelin
empfehlenswert. Der ausführliche
und recht informative Reiseführer
über Spanien kostet 28 Mark und
enthält auch einzelne Routenbe-
schreibungen.

 Adressen:

Fremdenverkehrsamt Figueres
Plaçà del Sol; 17600 Figueres
Telefon: 972/ 50 31 55

Fremdenverkehrsamt Barcelona
Patronat de Turisme
Passeig de Gràcia 35
Telefon: 93/215 44 77
Fax: 93/487 69 44

Patronat Municipal de Turisme
C/Montblanc, 1; 43840 Salou
Telefon: 977/38 01 36
Fax: 977/38 07 47

Tourist-Info im Ebrodelta
Patronat Municipal de Turismo
Ulldecona, 22; 43580 Deltebre
Telefon: 977/48 96 79

OLÉÉÉÉÉÉÉ!

Andalusien, die südlichste Region auf der Iberischen Halbinsel, verkörpert all das, was Spanien so spanisch macht. Anstatt eines Kampfstieres wird die Maschine an den Hörnern gepackt, und als Arena dient das ganze Land.

Ungefährlich: Stierattrappe in der Sierra de Gibalbin

ANDALUSIEN

AN DER NORD-SEITE DER SIERRA WURDE FRÜHER GOLD ABGEBAUT

Zwei kleine Echsen huschen flink über den heißen Asphalt und verschwinden lautlos im buschigen Gestrüpp. Stahlblau wogt das Meer und schwappt gischtspritzend an die steinige Küste. Eingestaubte Palmen heben sich als schwarze Silhouetten gegen die silberglänzende Meeresoberfläche ab und auf die Zunge legt sich leichter Salzgeschmack. Bei Aguillas beginnt eine genußvolle Küstenstrecke. Die Berglandschaft ist mit niedrigem Buschwerk überzogen, das mit einem Minimum an Wasser auskommt und den Boden vor der Erosion schützt. Die Straße steigt an, schraubt sich hinauf in die Hügel und gibt traumhafte Ausblicke auf die See frei. Hinter Carboneras, wo der Leuchtturm Faro Roldán einsam auf den gelblichen Felsklippen steht, ist die Küstenstraße vorerst zu Ende. Ich muß einen Schlenker in das Landesinnere machen, um bei San Isidoro wieder in die Sierra de Cabo de Gata abzubiegen. An der Nordseite der Sierra wurde früher Gold abgebaut, aber die Adern sind versiegt, die Minen stillgelegt. Hinter San José, einem der vornehmsten Küstenorte, geht der Asphalt in eine feste

Für Genießer: Küstenstraße an der Costa de Almeria

Sandpiste über. Vorbei an Kakteenfeldern, die zur Herstellung von Medikamenten angebaut werden, streift sie traumhafte Naturstrände. Früher konnte man von hier weiter zum Cabo de Gata zu fahren. Jetzt muß ich an einer Schranke umkehren. Erst bin ich deswegen etwas sauer, aber mit Einsetzen des Gehirnschmalzes finde ich die Sache ganz gut. Die Sierra de Cabo de Gata wurde zum Naturschutzgebiet erklärt und konsequent für den Verkehr gesperrt. Ein Beweis für einen Bewußtseins-Wandel zum sanften Tourismus? Hoffentlich. Die ganze Ecke um das Cabo de Gata war schon immer ein Geheimtip unter Campern, die es etwas ruhiger haben wollten. So soll es auch bleiben. Gleich hinter Almeria beginnt eine in Europa einzigartige Wüstenlandschaft. Keine Sanddünen, sondern eine unwegsame Stein- und Geröllwüste. Wie im Wilden Westen, dachten sich einige schlaue Filmemacher und ließen mehrere Filmstädte in die Wüstenlandschaft stellen. Gegen einen kleinen Wucherpreis können sie besichtigt werden. Das Geld ist aber in einem Mittagessen besser angelegt. Es genügt, auf einen Hügel zu steigen und von oben hineinzu-

**Für ein ruhiges Leben:
Schäfer bei La Callahorra**

schauen. Auch wenn Terence Hill hier schon heiße Ohren verteilt hat.

Von der Westernstadt aus sind im Norden auf der Bergkette der Sierra de los Filabres die weißen Kuppeln einiger Observatorien zu erkennen, die in der klaren Luft über der Wüstengegend gebaut wurden. An der 26 Kilometer langen Sackgasse hinauf zu den Sternguckern zum 2168 Meter hohen Gipfel des

DIE GANZE ECKE UM DAS CABO DE GATA WAR SCHON IMMER EIN GEHEIMTIP

ANDALUSIEN

Für Anfänger: Motorradtorero gegen Stierattrappe

Calar Alto ist die Vegetation auf den Kopf gestellt. Anstatt mit zunehmender Höhe immer weniger zu werden, wird sie immer dichter und grüner. Oben macht sich sogar Kiefernwald breit. Ich wundere mich, daß mir das so auffällt, aber der Kontrast zur untenliegenden Wüste ist zu groß. Und weil vor kurzem dunkle Wolken über die Gegend gezogen sind, ist die Bergkuppe wie mit Puderzucker bestäubt. Es hat tatsächlich geschneit. Hatte ich gerade noch in der Westernstadt geschwitzt, so sind jetzt die Finger klamm wie im tiefsten Winter.

Wie aus dem Bilderbuch präsentieren sich die im Tal liegenden Dörfer des Nacimiento. Der süßliche Duft von Orangen-

Unwirklich: Die Burg von Almodovar del Rio

hainen steigt in die Nase, die Luft ist glasklar. Die Sierra Nevada gibt sich im Frühjahr gar nicht wüstenhaft. Auf den kargen, von trockenen Wasserläufen zersägten Steinhängen, hat sich eine Decke dünnen Grüns gebildet. Beidseitig des Rio Andarax ist die Landschaft so fremdartig, als wäre sie nicht von dieser Welt. Sirrend heiße Sommer und brutale Gewitterregen haben das Land tief zerfurcht. Strahlend weiße Pueblo-Bauten verstecken sich in den Schluchten oder thronen auf freigewaschenen Plateaus. Die BMW legt sich von einer Kurve in die nächste. Dann stehe ich wieder alle paar Kilometer am Straßenrand und ziehe die Kamera aus dem Tankrucksack.

DIE LAND-SCHAFT IST SO FREMDARTIG, ALS WÄRE SIE NICHT VON DIESER WELT

71

Abgeblättert: Plakatwand in Estación de San Roque

Ein Lkw fährt vorbei, hupt, eine winkende Hand streckt sich aus dem Fenster. Stachelige Kakteen säumen den Straßenrand, und ich wünsche mir rings um den Kopf Augen, weil es gar nicht so einfach ist, die Kurven zu genießen und gleichzeitig die herbe Schönheit dieser Landschaft zu entdecken. Nach dem Puerto de la Ragua, einem knapp 2000 Meter hohen Paß, ist alles wieder anders. Völlig überraschend taucht eine von unzähligen Feldern gefleckte Ebene auf. Die Festung von Lacalahorra steht dominierend auf einem Hügel über dem gleichnamigen Dorf. Weit dahinter glänzen die schneebedeckten Kuppen der Sierra Nevada, wo sich die höchsten Gipfel Spaniens erheben. Eine Schafherde zieht vorbei, und aus den Gassen von Lacalahorra dringt unentwegt das klagende Geschrei eines Esels. Eine holprige Schotterpiste steigt hinauf zur Burg, und oben angekommen, muß ein Lehrer erst mal seine Schüler zur Ordnung rufen. Die Jungs der Klasse interessieren sich erheblich mehr für die BMW als für die alten Mauern.

Guadix hat eine ganz besondere Attraktion. Im Südteil der Stadt leben etwa 2500 Men-

IM SÜDTEIL DER STADT LEBEN ETWA 2500 MENSCHEN IN HÖHLENWOHNUNGEN

schen in Höhlenwohnungen. Das weiche Gestein wurde ausgehöhlt und die Frontseite wieder zugemauert. Es sieht total witzig aus, wie aus den Kuppen der Hügel Kamine und Fernsehantennen ragen. Die Höhlenwohnungen sind vorwiegend von Zigeunern bewohnt, die nicht immer von Reichtum gesegnet sind. Sie versuchen des-

Die Älteste: Stierkampfarena in Ronda

halb mit den Touristen ihr Geschäftchen zu machen. Ich bekomme innerhalb von Minuten erst goldene Ringe angeboten, für deren Echtheit ich nicht mal meine Socken verwetten möchte, und gleich als nächstes etwas zum Rauchen. Allerdings mit benebelnder Wirkung. Nein, danke! Einige bieten mir sogar an, in ihre Wohnung zu kommen. Wer sich eine der Wohnungen zeigen läßt, sollte gleich einen festen Preis für die Besichtigung aushandeln. Denn wenn vorher auch noch so freundlich versichert wird, daß es nichts kostet, hinterher hat der freundliche Mensch plötzlich sechs Kinder und keine Arbeit und verwechselt den Besucher mit der Sozialkasse.

75

ANDALUSIEN

Phänomenal: Die Tropfsteinhöhle von Nerja

Um die Hauptstraße bis Granada zu umgehen, versuche ich südlich an den Bergen entlang über ein Gewirr von Pisten ans Ziel zu kommen. Aber immer mehr unbeschilderte Abzweigungen machen die Orientierung fast unmöglich, und ich richte mich bald nur noch nach der Sonne. Waldarbeiter, die gerade bei der Brotzeit sitzen, geben mir eine vage Wegbeschreibung, und nach 20 Kilometern im Ungewissen erreiche ich tatsächlich kurz vor Granada wieder die Hauptstraße. Die Alhambra, die im Osten der Stadt zwischen sattem Grün über der Stadt thront, macht deutlich, welche Rolle die jahrhundertelange Herrschaft der Mauren gespielt hat. Sie hatten es geschafft, durch komplizierte Bewässerungssysteme die trockene Region in fruchtbares Land zu verwandeln. Als 1492 die christlichen Truppen dieses letzte arabische Reich auf der Iberischen Halbinsel wieder zurückeroberten, ging es abwärts, weil vieles sinnlos dem Erdboden gleichgemacht wurde. Was aus dieser kulturellen Blütezeit blieb, ist in der Alhambra zu sehen. Neben den Gärten im Generalife sind besonders die filigranen Verzierungen der Säulen und Wände im Löwenhof

beeindruckend. Südöstlich von Granada beginnt die höchste fahrbare Paßstraße Europas. Fahrbar heißt, von Granada her kann jeder Bus und jedes Wohnmobil auf einer superbreiten, aber auch kurvenreichen Teerstraße rauf bis zum Ort Sierra Nevada. Dort ist Skigebiet. Bis zum 3398 Meter hohen Pico Veleta wird es dann etwas enger. Auf der Südseite beginnt eine Piste, die oben aus Schotter besteht und unten in Sand übergeht. Hier müssen die meisten kneifen. Für die Enduro ist der Weg selbst unproblematisch, aber oft liegt die meiste Zeit des Jahres Schnee. Das ist auch heute, bei meinem vierten erfolglosen Versuch innerhalb der letzten Jahre der Grund, warum ich wieder umkehren muß. Da

SÜDÖSTLICH VON GRANADA BEGINNT DIE HÖCHSTE BEFAHRBARE PASS-STRASSE EUROPAS

Abkühlung:
Eis heißt Helado

ANDALUSIEN

Schattenspiel: Palmen an der Costa Cálida

es schon dunkel wird und der Schnee nicht mal die Anfahrt zur Jugendherberge bei Sierra Nevada zuläßt, nehme ich ein Zimmer im Hostal El Desivo, das auf halber Höhe am Berghang steht. Der Abend vergeht, allen Vorstellungen von Andalusien zum Trotz, in Berghütten-Atmosphäre. Die Unterhaltung mit dem Wirt erfolgt durch die Weltsprache »Hände und Füße« vor dem offenen Kaminfeuer. Und das alles bei luftgetrocknetem Schinken, Weißbrot und Whisky Orange, einer Empfehlung des Küchenchefs.

Westlich der N 323, der Lkw-Strecke von Granada ans Meer, gibt es einen kleinen Paß, der zu meinen Favoriten gehört. Etwa 30 Kilometer vor der Küste öffnet sich eine zerklüftete Bergwelt, durch die sich ein flottes Motorradsträßchen, manchmal gewagt in der Felswand verborgen, hinunterschlängelt. Kaum unten an der Küste, werden die Vorstellungen vom heißen Süden schon wieder auf den Kopf gestellt, es beginnt in Strömen zu regnen. Da kommt die Tropfsteinhöhle von Nerja gerade recht. Gleich hinter dem Eingang liegt eine Dame in einem Glaskasten, die hier wohnt, oder vielmehr mal gewohnt hat. Das mehrere tausend Jahre alte Skelett wurde von der Höhlen-Atmosphäre bestens konserviert. Die höchste Kalksäule mit dreißig Metern steht wie ein bizarres Kunstwerk in einer der Hallen, und im Juli findet in der Höhle jedes Jahr ein Festival statt. Sogar Yehudi Menuhin hat hier schon auf seiner Violine gesägt. Als ich weiterfahre, regnet es immer noch. Mein einziger Trost ist, daß es doch einen gewissen Stil hat, in Malaga unter einer Palme zu stehen und abzuwarten, bis es besser wird. Am Rio Guadalhorce entlang, der bei Malaga ins Meer mündet, verschwinde ich wieder in den Bergen. Die Küstenstraße gibt zum Motorradfahren einfach zu wenig her. Endlich hört auch der Regen auf, dafür kommt meine erste Polizeikontrolle durch die Guardia Zivil, die früher mal einen berüchtigten Ruf hatte. Das hat sich aber geändert, der Polizist dreht meine Papiere dreimal um und will wissen, wo ich hin will. Erst nach Ronda, und dann runter

DER POLIZIST DREHT MEINE PAPIERE DREIMAL UM, UND MÖCHTE WISSEN WO ICH HIN WILL

Maurische Architektur: La Mezquita in Cordoba

ANDALUSIEN

nach Tarifa. Er lacht, sagt irgendwas von Chocolate, dem hiesigen Fachausdruck für Drogen aus Marokko. Aber da kann er beruhigt sein.

Bei El Chorro fließt der Guadalhorce aus der Schlucht Garganta del Chorro, wo hohe Felswände nur einen wenige Meter breiten Spalt für den Fluß lassen. Dahinter findet sich die ideale Mischung aus beeindruckender Landschaft und gewundener Motorradstrecke. Ab Ardales kommen auf dem Weg nach El Burgo einige Kilometer Schotter unter die Räder, bevor nach dem Puerto del Viento im Tal unten Ronda auftaucht. Das Städtchen gehört zu den schönsten, die Andalusien zu bieten hat. Dem Ort, der durch eine hundert Meter tiefe Schlucht zweigeteilt ist, haftet noch altes spanisches Flair an. Dazu trägt auch die Stierkampf-Arena bei, die älteste Spaniens. Hier hat Ende des 19. Jahrhunderts Pedro Romero die noch heute geltenden Regeln im Stierkampf ausgebrütet. Sogar Ernest Hemingway und Orson Welles sollen in Ronda zu fanatischen Anhängern des Stierkampfes geworden sein. Grund genug, daß in einem Teil der Arena ein

Ausland: Der Felsen von Gibraltar

Stierkampf-Museum eingerichtet wurde. Das »beste«, was einem Stier nach der Corrida passieren kann, ist, hier an der Wand als präparierter Schädel zu enden. Hinter Ronda, am Nationalpark von Cortes de la Frontera vorbei, erinnert die Landschaft ein wenig an die Schweiz. Die Täler und Hänge sind knallgrün bewachsen und von grauen Felswänden eingeschlossen. Je näher ich Algeciras komme, desto heißer wird es. Der Felsen von Gibraltar, wo die letzten wilden Affen Europas leben, steigt grau aus dem Meer. Ich fahre bis zur Grenzstation, aber der Stau, den die englische Bürokratie verursacht, hält mich dann doch von einem Kurzbesuch in Gran Bretaña ab.

Zur jetzigen frühen Jahreszeit kleidet sich der hügelige Küstenstreifen zwischen Algeciras und Tarifa in irischem Grün. Die Küste Afrikas ist so nahe, daß sogar die einzelnen Häuser der Küstendörfer auszumachen sind. Ab Tarifa weht der Wind etwas kräftiger über den Atlantik, was jedes Jahr die Surf-Profis anlockt. Bei den Windstärken ist Können gefragt, sonst muß die Seenot-Rettung aktiv werden.

Ich versuche, eine Weile möglichst nah an der Atantikküste

Kurvenreich:
Im Nacimiento-Tal

entlangzufahren, aber jedesmal endet der Weg auf löchrigen Sandwegen am Strand und ich muß wieder zurück. Touristisch ist hier wenig los. Um in Cadiz ans Eingemachte zu kommen, muß eine Allee der Neuzeit durchfahren werden. Da käme keiner auf den Gedanken, daß es die älteste Stadt Europas sein soll. Aber ganz am Ende der Halbinsel, bei einem Café con Leche am Platz vor der mächtigen Kathedrale, wird die Sache glaubhaft. Schade nur, daß große Teile des historischen Viertels vom Verfall bedroht sind.

Jerez de la Frontera, der nächste Ort, hat für Motorsportfreunde heilige Kurven, und für die Freunde des Jerez, des Sherry, heilige Hallen. Für die Ersteren gibt es nämlich

AN DER KÜSTE AFRIKAS SIND SOGAR DIE EINZELNEN HÄUSER DER KÜSTENDÖRFER ZU ERKENNEN

81

Stachelig: Kakteenplantage am Cabo de Gata

Erdverbunden: Höhlenwohnungen in Guadix

die Rennstrecke, auf der der Motorrad-Grandprix ausgetragen wird, für die anderen die Bodegas, die Sherry-Kellereien. Nachdem diese aber an Sonntagen nicht zu besichtigen sind, und heute ein solcher ist, sehe ich mich gezwungen anderen kulturellen Attraktionen nachzuspüren und fliehe vor der brennenden Hitze in eine Bar. Ein Plakat an der Wand bestimmt mein nächstes Ziel. In El Bosque, 60 Kilometer westlich von Jerez, soll heute Abend eine Corrida, ein Stierkampf, stattfinden.

Der Stierkampf ist bei vielen eine umstrittene Sache, allerdings fast ausschließlich bei Nichtspaniern. Daß er nur für Touristen veranstaltet würde, ist mit Sicherheit ein Gerücht. Die Corrida ist eine urspanische Angelegenheit. Gut, nüchtern betrachtet ist es eine etwas unkonventionelle Art, die Welt mit Rindfleisch zu versorgen, denn nach dem Ende wird das Tier im Schlachthaus fachgerecht zerlegt. Die letzten zwei Tage vor dem Kampf bekommt der Stier nur noch Wasser und kein festes Futter. Das macht ihn agressiv.

Die Stimmung in der Arena

Zum Frühstück gönne ich mir zwei Pässe, den Puerto del Boyar und den Puerto de las Palomas, bevor ich nach Sevilla, der Hauptstadt Andalusiens abbiege. Die Feria de Sevilla findet dieses Wochenende statt, das ist vergleichbar mit dem bayrischen Oktoberfest. Da ist alles zu sehen, was in den kühnsten Klischee-Vorstellungen über Andalusien vor dem geistigen Auge erscheint. Caballeros reiten durch die Stadt, und hinter dem Sattel sitzt die elegante Señorita im knallfarbigen Flamencokleid. Ein unüberschaubares Meer von Schausteller-Zelten, mit allem, was zu so einem Fest gehört, ist aufgebaut, und das Temperament hat die Oberhand. Verzierte Kutschen fahren über die Wege, und mitten auf den Straßen wird Flamenco getanzt. Der einzige Fehler an der Sache, ich bin einen Tag zu spät dran, und muß mir das alles erzählen lassen. Na ja, das läßt sich auch positiv sehen. Es wird hier nämlich kein Oktoberfestbier getrunken, sondern Jerez-Sherry. So kann ich am nächsten Tag in Cordoba die Mezquita, Andalusiens schönste Erinnerung an die Herrschaft der Mauren, genießen, ohne einen Kater mitschleppen zu müssen.

DIE STIMMUNG IN DER ARENA IST EXPLOSIV ALS DER SCHWARZE BROCKEN HEREINGELASSEN WIRD

...UND MITTEN AUF DEN STRASSEN WIRD FLAMENCO GETANZT

ist explosiv, als der schwarze Brocken hereingelassen wird. Jetzt ist es Sache des Toreros, Mut und vor allem Eleganz zu zeigen. Dann tobt die ganze Arena, dann hallt ein hundertstimmiges Olé nach dem anderen von den Tribünen, und nach dem Ende fliegen Blumen, Hüte und Jacken von Verehrerinnen und Fans in den Sand. Während am Ende der Torero mit stolzgeschwellter Brust an den Zuschauern vorbeistolziert, wird der tote Stier, in wenig vornehmer Art, an einem Jeep aus der Arena zum Schlachthaus gezogen.

INFO ANDALUSIEN

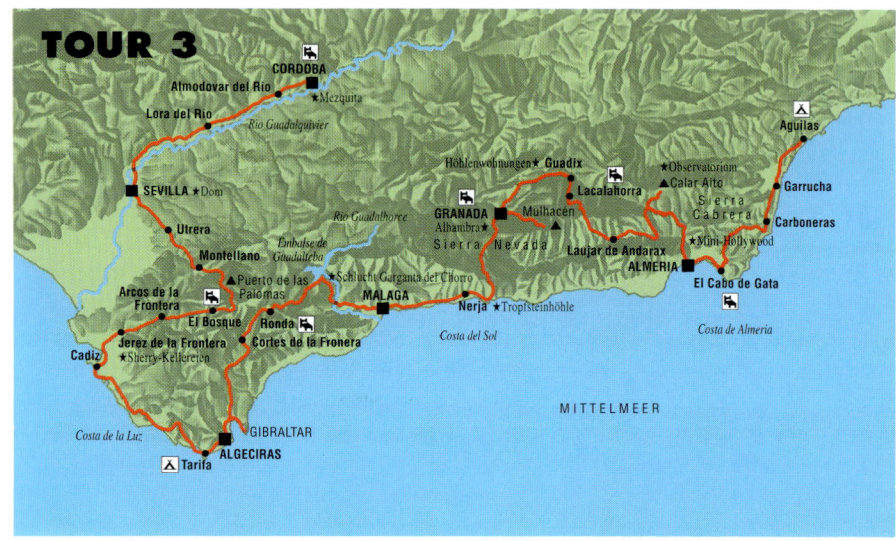

**Gefahrene Strecke:
etwa 1900 Kilometer**

 Karte:

Michelin-Karte Nr. 446, España, Andalucía, Costa del Sol, 1:400 000. Die beste Karte für Andalusien.

 Route:

Aguilas – Villaricos – Garrucha – Carboneras – La Mesa Roldán – Faro Roldan – Agua Amarga – N 340 – San Jose – Ruescas – Cabo de Gata – Faro de Gata – ALMERIA – *Mini Hollywood* – Tabernas – Gergal – Calar Alto – Alboloduy – Santa Cruz – Alsodux – Alhabia – Terque – Instninción – Canjayar – Fondon – Laujar de Andarax – Paterna del Rio – Bayárcal – *Puerto de la Ragua* – Lacalahorra – Lanteira – Jeres del Marquesado – Guadix – GRANADA – *Sierra Nevada* – GRANADA – Puerto del Suspiro del Moro – Venta del Fraile – Otivar – Jete – Almuñecar – Nerja – MALAGA – Campanillas – Estación Cartama – Pizarra – Alora – El Chorro – Ardales – El

Burgo – Ronda – Benaojan – Cortes de la Frontera – Los Angeles – Estación de S. Roque – La Línea – *Grenze Gibraltar* – ALGECIRAS – Tarifa – Tahivilla – Zahara de los Atunes – Barbate – Vejer de la Frontera – El Palmar – Conil de la Frontera – Chiclana de la Frontera – San Fernando – CÁDIZ – El Puerto de Santa Maria – Jerez de la Frontera – Arcos de la Frontera – El Bosque – Puerto del Boyar – Puerto de las Palomas – Zahara de la Sierra – Coripe – Montellano – Utrera – SEVILLA – La Algaba – Alcalá del Rio – Cantillana – Lora del Rio – Posadas – Almodóvar del Rio – CORDOBA.

 Anreise:

Bei der Anfahrt über Südfrankreich (siehe Info Katalonien/Valencia) geht es in Spanien am schnellsten über die Autobahn A7, die von der spanisch-französischen Grenze bis nach Murcia reicht. Diese kostet allerdings bis Alicante etwas über 90 Mark an Gebühren. Ab Murcia geht es dann weiter auf der Kraftfahrzeugstraße bis Lorca und von dort hinaus nach Aguilas. Aus Nordspanien kommend gibt es ab Burgos die autobahnähnliche, aber kostenlose, N I bis Madrid. Das gleiche gilt für die N IV von Mad-

rid bis Cordoba. Dann ist es aber praktischer, die Tour in umgekehrter Richtung zu fahren.

 Übernachten:

Übernachtungsmöglichkeiten gibt es in genügender Anzahl. Im Juli und August, während der Hauptreisezeit, kann die Zimmersuche besonders an der Küste schwierig werden. Da in Spanien, abgesehen von der Küste und in großen Hotels, kaum Fremdsprachen gesprochen werden, gestaltet sich die kurzzeitige Vorbuchung per Telefon ohne Sprachkenntnisse meist etwas schwierig.
Die angegebenen Preise gelten für die Hochsaison. In vielen Hotels ist es in der Zwischensaison etwa

Gemütlich: Cerveza und Jamon im El Desivo / Sierra Nevada

INFO ANDALUSIEN

Stierkampf: Eine urspanische Angelegenheit

20 Prozent billiger, in der Nebensaison gehen sie oft nochmal
20 Prozent runter. Im Übernach-
tungspreis ist meist kein Frühstück
enthalten.

Hotels:
●● Hotel Maciá
Plaza Nueva, Nr. 4
18010 Granada
Telefon: 958/22 75 36
Fax: 958/28 55 91
Das Hotel befindet sich an einem
schönen Platz in der Altstadt, nicht
weit von der Alhambra.

●●● Hotel González
Manriquez 3
14003 Cordoba
Telefon: 957/47 98 19
Fax: 957/48 61 87

Stilvolles Hotel im alten Juden-
viertel, nur wenige Meter von der
Mezquita entfernt. Während der
Hauptreisezeit unbedingt vorreser-
vieren.

Pension:
● Hostal Las Dunas
C/. Barrionuevo, 58
Cabo de Gata
Telefon: 950/37 00 72
Haus mit angenehmen Zimmern,
200 Meter vom Strand. Garage
vorhanden.

● Hostal Manjon,
C/. Los Caños
La Calahorra
Telefon: 958/67 70 81
Gute Zimmer mit Bad, einige mit
Terrasse.

● Hostal El Desivo
Ctra. de la Sierra, Km 23
Sierra Nevada
Telefon: 958/34 01 83
Einfaches Hostal an der Aufahrt zur
Sierra Nevada von Granada aus.
Tolle Aussicht zum günstigen Preis.

● Hostal S. Francisco
C/. Maria Cabrera, 18
29400 Ronda
Telefon: 952/287 32 99
Mitten in der Stadt. Mit angenehmen Zimmern und
günstigen Preisen.

● Hostal Enrique Calvillo
Avda. Diputación 5,
11670 El Bosque
Telefon: 956/71 61 05
Einfaches Hostal im ruhig
gelegenen El Bosque.

Camping:
● Camping Calarreona
Ctra. de Aguilas a Vera, Km 4,
(ca. 4 Km südlich von Aguilas)
Telefon: 968/41 37 04
Der Platz liegt an einem breiten
Strand.

● Torre de la Peña
N 340, Km 78
Telefon:956/68 49 03
Der Campingplatz liegt etwa
sieben Kilometer westlich von
Tarifa am Meer. Er ist wegen der
starken Atlantikwinde bei Surf-
Profis beliebt.

 Gastronomie:

Für das leibliche Wohl ist gesorgt.
An der Küste schmeckt natürlich
frischer Fisch am besten, der dort
in allen Formen, mal als Suppe,
mal als Steak, auf den Tisch
kommt. Ansonsten ist der luftge-
trocknete Schinken eine Spezialität, die probiert werden muß. Die
besten Keulen kommen angeblich
aus Trévelez in der Sierra Nevada.
Jedes Restaurant muß von Geset-
zes wegen ein Menu del Dia, ein
Tagesgericht anbieten. Damit läßt
es sich gut leben, denn im Preis ist
neben Vor-, Haupt- und Nachspeise
auch eine Flasche Wein enthalten.
Das Preisniveau ist relativ niedrig.

 Klima/Reisezeit:

Andalusien eignet sich zwar das
ganze Jahr über als Reiseland, im
Winter ist die Sache aber sehr vom
Wetter abhängig. Da die besten
Motorradstrecken in den Bergen
liegen, sind im Frühjahr ab Anfang
April und im Spätherbst ab Oktober die besten Biker-Zeiten. Oben
in der Sierra Nevada kann im April
noch Schnee fallen, während es in
Südost-Andalusien, in der Ebene
um Sevilla, bereits 30 Grad heiß
ist.

INFO ANDALUSIEN

 Enduro:

Andalusiens Endurostrecke
schlechthin beginnt am Pico
Veleta in der Sierra Nevada.
Sie führt als höchste Paßstraße
Europas am Gipfel des 3482 Meter hohen Mulhacén vorbei,
hinunter nach Capileira. Während
oben Schotter vorherrscht, beginnt
weiter unten eine ziemlich holprige Sandpiste, die aber keine
Probleme bereitet, solange es
trocken ist.
Haupthindernis ist der Schnee,
der sich oben oft bis in den Spät-
sommer hält.

 Sehenswert:

Neben den Berglandschaften und
der Steinwüste im Ostteil der Sierra Nevada sind besonders die Kü-
stengebiete nördlich des Cabo de
Gata und zwischen Algeciras und
Tarifa sehr schön. Einen Besuch
wert sind die Filmstädte nördlich
von Almeria, das Observatorium
auf dem Calar Alto, die Höhlenwohnungen von Guadix, die Alhambra in Granada, die Tropfsteinhöhle von Nerja, die Bodegas in
Jerez de la Frontera, der Dom in
Sevilla und (mein persönlicher Fa-
vorit) die Mezquita in Cordoba.

Abgemagert: Fund in der Tropfsteinhöhle von Nerja

INFO ANDALUSIEN

 Veranstaltung:

Andalusien aus dem Bilderbuch gibt es während der Feria, was so viel wie Volksfest bedeutet. Die wichtigsten sind in Sevilla Ende April und in Jerez de la Frontera um das zweiten Mai-Wochenende. (genaue Termine beim Fremden-verkehrsamt erfragen). Außer Flamenco ohne Ende finden dann in Sevilla die großen Stierkämpfe statt. In Jerez, wo die adalusische Hofreitschule zu Hause ist, werden Shows im Stil der Wiener Hofreitschule und Pferderennen geboten.

 Extratip:

Spanien ist ein Kreditkartenland. Manche Hotel- oder Restaurant-Türe ist damit zugepflastert. Am meisten sind Visa, American Express oder Eurocard/Mastercard vertreten. Per Kreditkarte kann auch die Autobahngebühr bezahlt werden.

 Adressen:

Spanisches Fremdenverkehrsamt
Myliusstraße 14
Postfach 17 05 47
60323 Frankfurt/M.
Tel.: 069/72 50 33
Fax: 069/72 53 13

Fremdenverkehrsamt Granada
Plaza Mariana Pineda 10
18009 Granada
Telefon: 958/22 35 27 /28
Fax: 958/22 39 15

Fremdenverkehrsamt Sevilla
Avenida de la Constitución 21 b
41001 Sevilla
Tel.: 954/422 14 04

Fremdenverkehrsamt Cordoba
Palacio de Congresos
Torrijos, 10
14003 Cordoba
Telefon: 957/49 16 77 /78
Fax: 957/49 20 61

BLAUE TINTE UND GRANIT

Stellen Sie sich doch einfach mal vor, etwa dreißig Kilometer südlich
der Alpen wäre ein riesiges, tiefblaues Meer. Die Almwiesen
würden übergangslos in Sandstrände und Felsküsten übergehen, und die
Paßstraßen wären so gut wie verkehrsfrei. Sie könnens nicht?
Na, dann fahren Sie doch mal nach Nordspanien. Die Picos de Europa
werden Ihrer Phantasie auf die Sprünge helfen.

Abenteuerlich: Schotterpiste in den Picos de Europa

NORDSPANIEN

DIE WUCHTIGEN
HÄUSERBLOCKS
HABEN DEN
MONDÄNEN
AUSDRUCK DES
EHEMALS
BERÜHMTEN
SEEBADES HER-
HALTEN

Das hier ist nicht die Sonne Spaniens. Ob sich der junge Mann an der Rezeption des Campingplatzes mit dieser knappen Aussage für das unterkühlte Juniwetter entschuldigen will, oder ob er andeuten möchte, daß wir hier im Baskenland, und keinesfalls in Spanien sind, ist nicht herauszuhören. Er hat wohl beides gemeint.

Gleich hinter Hondarribia steigt eine kurvige Straße hinauf in die Hügel, hinter denen irgendwo das altvornehme Donostia San Sebastian liegen muß. Ein richtiges Traumsträßchen, eines von der wuseligen Sorte, das langsam das spanisch-französische Grenzgebiet um Irun hinter den grünen Wiesenkuppen verschwinden läßt und postwendend mit der endlosen Weite des Antlantiks tauscht, der wie tiefblaue Tinte an die Küste schwappt. Die Industrieanlagen in Pasai schrecken kurz aus der Idylle auf, dann saugt mich der morgendliche Berufsverkehr am Hafen vorbei in die Altstadt von Donostia San Sebastian, wo es wieder ruhiger wird. Die wuchtigen Häuserblocks haben den mondänen Ausdruck des ehemals berühmten Seebades erhalten. Der graue Staub auf dem Stuck verrät jedoch, daß sich die Zeiten geändert haben. Es fällt schwer, bei soviel wärmender Sonne und blauem Meer die Küste hinter sich zu lassen. Aber eine Schlangenlinie in der Karte lockt unwiderstehlich in das Tal, das sich hinter Hernani in die Hügel schneidet. Bis Goizueta ist die Sache noch etwas holprig, dann zwängt sich die Straße immer kurviger durch grüne Blätterwände in die Berge hinauf. Jedes Fahrzeug, das in dem üppiggrünen Dunkel entgegenkommt, wird unweigerlich zum Schreckgespenst. So eng geht es her. Durch einen schmalen Keil entläßt mich das Tal beim Puerto Usateguieta. In weiten Schwüngen geht es über Leiza und Huici hinunter nach Lecumberri, und gleich wieder hoch in die Sierra de San

Freundlich:
Bauer in Cantabrien

Morgenstimmung: Im Hafen von Hondarribia

Miguel, wo das Kloster San Miguel in Traumlage am Ende einer Sackgasse über dem Tal des Rio Araquil steht. In der zugehörigen Steinkirche ist es so düster, daß es richtig unheimlich ist, mit vorsichtig tastenden Schritten die Treppenstufen auf dem knarrenden Holzboden zu suchen.

Estella kann die Erwartungen, die der Reiseführer geweckt hat, nicht ganz erfüllen. Die Stadt ist eine etwas unglückliche Mischung aus Mittelalter und funktioneller Wohnsiedlung. Aber vielleicht muß man einfach Historiker

sein, um die alten Mauern als geschichtliche Schatzkästchen zu entdecken. Mich interessiert mehr das Motorradtreffen, das auf dem örtlichen Campingplatz stattfindet. Das läuft gesitteter ab, als ich es von heimischen Gefilden gewohnt bin. In der Stierkampfarena war gemeinsamer Treffpunkt, und da hätte gleich jeder als Torero gegen Jungkühe seinen Mut beweisen können. Aber da wollte dann doch keiner die Reißfestigkeit seiner Lederklamotten am Kuhhorn testen. Sogar die spanische Eßkultur wird bei so einem Treffen eingehalten. Da ist nix

JEDES FAHRZEUG, DAS IN DEM ÜPPIGGRÜNEN DUNKEL ENTGEGENKOMMT WIRD UNWEIGERLICH ZUM SCHRECKGESPENST

95

Hat jemand Feuer? In der Bar von Kloster San Miguel

DIE STRASSE IST
SO SCHMAL,
ALS WÄRE ALLES
NUR EINE
SPIELZEUG-
LANDSCHAFT

mit Bratwurst-Reinstopfen. Gegessen wird gemeinsam. Und zwar so, wie sich das gehört: mit Vorspeise, Hauptspeise und Nachspeise. Ein kleines Wett-Trinken aus dem ledernen Weinschlauch gehört natürlich auch dazu, und ein kleines Concierto am Gasgriff kann nichts schaden. Aber irgendwelches Pseudo-Rambo-Gehabe gibt es nicht mal im Ansatz. Beim Treffen lerne ich Martin kennen, einen Deutschen, der seit acht Monaten in Estella lebt und arbeitet. Mit seiner BMW R 80 GS hat er die Gegend bereits gründlich erkundet, und kann mir so einige Tips mit auf den Weg geben.

Nordwestlich von Estella steigt eine Straße hinauf in die Sierra de Urbasa, eine weite Hochebene auf der Schafe und Pferde weiden. Eine ruhige, stille Landschaft. Im Tal des Rio Uyarra haben sich die Dörfer über Jahrzehnte, teils über Jahrhunderte, kaum verändert. In dem fruchtbaren Bauernland liegen wuchtige, manchmal haushohe Granitblöcke auf den Feldern. In San Vicente schwenke ich ab nach Sabando. Die Straße ist für einige Kilometer so schmal, als wäre alles nur eine Spielzeuglandschaft. Zum Glück ist Sonntag, so daß keine Traktoren unterwegs sind. Über den Puerto de Azaketa erreiche ich schließlich Vitoria Gasteiz, deren Stadtkern in alte Zeiten zurückversetzt. Die geschlossenen Balkone, die oft halbe Häuserfronten einnehmen, sind eine Anpassung an das etwas feuchtere Klima Nordspaniens.

In einem Land wie Spanien ist Meer halt doch mehr. Ich mache mich wieder auf den Weg zum Atlantik. Am Stausee von Zadorra vorbei gibt es noch eine ruhige Nebenstraße, aber dann muß ich ein kurzes Stück auf die 627 und erst jetzt fällt auf, wie wenig Verkehr mir bisher begegnet ist. Die paar Autos, die hier unterwegs sind, kommen mir im Moment vor wie ein Verkehrschaos. Ich weiche auf die alte Straße über Leintz

Gatzaga aus, und stecke damit schon wieder mitten im Kurven-Gewimmel, in den Hängen einer steilen, grünen Berglandschaft. Als ich kurz darauf durch Eskoriatza fahre, haut es mich schier von der Sitzbank, als urplötzlich lautstarker Trommelwirbel und kreischende Flötentöne aus irgendwelchen Lautsprechern krachen. Im Ort ist Festtag, und auf dem Hauptplatz wird getanzt, was die Sohle aushält. Rote Baskenmützen und Mädchentrachten wirbeln über den Platz. Die Füße sind in die traditionellen Lederschuhe geschnürt, und wem die Tanzerei bereits die Kondition geraubt hat, der klatscht zum Rythmus der Musik bis er sich genug erholt hat, um sich wieder ins Getümmel zu stürzen. Der kürzeste Weg ist nicht immer der beste, schon gar nicht für Motorradfahrer. Deshalb fahre ich im Zickzack-Kurs über Elorrio und Bergara nach Azpeitia. Einfach deshalb, weil auf der Strecke zwei gute kur-

ROTE BASKEN-MÜTZEN UND MÄDCHEN-TRACHTEN WIRBELN ÜBER DEN PLATZ

Eingewachsen: San Pedro bei Carmona

Schießübungen: Durchlöcherte Geschwindigkeitsbegrenzung

Neugierig: Kühe am Puerto Ventana

venreiche Paßstraßen die Hügel überqueren. In Loyola, bei Azpeitia, wurde Ende des 15. Jahrhunderts ein gewisser Iñigo López de Loyola geboren. Als ihm bei einer Schlacht in der Nähe des heutigen Pamplona im zarten Alter von 30 Jahren fast das Lebenslicht ausgeblasen wurde, entdeckte er seine religiöse Seite und wandelte sich vom Soldaten zum Missionar. Er ist der Gründer des Jesuitenordens und gilt auch als Urvater weltweiter Missionstätigkeit. Wenn das Diorama in seinem Geburtshaus auch furchtbar kitschig ist, so ist doch allein

der Küstenort erst wie die Wohnsiedlung einer Industriestadt, aber unten am Hafen, wo der Fluß ins Meer mündet, dreht sich das Bild, ich fühle mich fast nach Venedig versetzt. Eine Bogenbrücke aus grauem Stein überquert elegant den Wasserlauf, wo schlanke, hohe Hauswände lückenlos aneinander gereiht das Ufer begrenzen. Die steile Atlantikküste ist vorwiegend Felsküste, aber dort, wo das unwegsame Gestein Platz läßt, gibt es traumhaft feine Sandstrände, wie den Playa de Laga zwischen Ibarranguelua und Gamecho. Die Wassertemperatur bekommt schlechtere Noten, am besten schwimmt sichs Anfang Juni mit Neopren-Anzug. Auffallend oft steht das Wort Cueva in der Landkarte, das spanische Wort für Höhle. Gemeint sind Tropf-

UNTEN AM HAFEN FÜHLE ICH MICH FAST NACH VENEDIG VERSETZT

schon die plastische Wirkung der Schaukästen, von Bildhauer Jorge Serraz geschaffen, einen Besuch wert. Die Basilika von Loyola, gleich nebenan, besitzt eine für Spanien ungewöhnlich reichhaltige und beeindruckende Innenausstattung. Als ich Ondarroa erreiche, erscheint mir

Würzig:
Luftgetrockneter Bergschinken

101

NORDSPANIEN

DIE HÖHLEN-ZEICHNUNGEN SOLLEN IMMER-HIN BIS ZU 15 000 JAHRE ALT SEIN

steinhöhlen, und viele davon können besichtigt werden. Die interessantesten sind die, in denen noch Spuren der ersten Bewohner zu finden sind. Dazu gehört auch die Höhle von Santimamiñe, nordöstlich von Guernika. Gleich hinter dem Eingang sind in aufgebrochenen Kalkablagerungen die Formen von Austern zu erkennen, von denen sich die Höhlenmenschen die einst hier lebten, ernährt haben sollen. Es ist schon erstaunlich, wie wenig sich der Geschmack in den letzten Jahr-tausenden geändert hat. Die Höhlen-Zeichnungen, die in einer kleinen Seiten-Nische ent-

deckt wurden, sollen immerhin bis zu 15 000 Jahre alt sein. Ich stelle mir vor, wie irgendein Wilder im Bärenfell hier gestan-den hat, und vielleicht aus Langeweile oder weil das Wetter schlecht war, mit Kohle die Umrisse einiger Viecher an die Wand gekritzelt hat. Einen Kilometer weit werden wir in die schmale Tropfsteinhöhle geführt, die größtenteils von einer engen Spalte gebildet wird. Einige Kilometer von der Höhle entfernt, über dem nur wenige Häuser großen Dorf Oma, gibt es ebenfalls berühmte Malereien. Die sind zwar bei weitem nicht so alt, aber sie

Zungenbrecher: Eremita de San Juan de Gaztelugatxe

sind mindestens genauso interessant. Der Künstler Agustín
Ibarrola, der selbst in Oma
wohnt, hat die Leinwand mit
dem Wald getauscht und die
Stämme von Bäumen bemalt.
Auf einem Rundweg sind
allerlei Formen an verschiedene
Bäume gepinselt, die von be-
stimmten Standpunkten gesehen
ein gemeinsames Bild ergeben.
Den Künstler selbst bekomme
ich leider nicht zu Gesicht. Er
sei irgendwo bei Salamanca,
einen Wald bemalen, erklärt
seine Nachbarin. Einfach ist das
Waldstück nicht zu finden, deshalb hier eine kurz Wegbeschreibung: Nach dem letzten

Haus von Oma, auf der rechten
Seite, führt eine Art Trampel-
pfad geradeaus in den Wald hinein. (Als ich dort war, war der
Weg mit Stacheldraht vor Scha-
fen und Kühen geschützt).
Gleich nach etwa zwei Metern
im Wald geht links ein steiler
Pfad hoch, der mehr wie ein
trockener Bach aussieht. Dieser
führt direkt in das gesuchte
Waldstück.

Es ist schon spät, als ich von
der Kunst im Wald zu-
rückkomme. Da kommt das 200
Jahre alte Bauerhaus mitten in
Oma gerade recht zum Übernachten. Es gehört zur Kette des
Nekazalturismoa, was am ehe-

Kunst im Wald von Oma: Agustín Ibarrola war's

NORDSPANIEN

sten mit Urlaub auf dem Bau-
erhof übersetzt werden kann.
Der alte Hof wurde mit viel
Gefühl renoviert. Sogar die alte
Küche ist noch vorhanden und
kann auch benutzt werden. Weiter in Richtung San Pelayo, wo
die Ermita de San Juan de Gatz-

telugatxe erhaben auf einem
Felsblock über der dunklen
Meeresoberfläche thront, be-
ginnt wieder ein herrliches
Stück Küstenstraße,

Langsam wird der Verkehr
mehr und die Bebauung dichter.
Eindeutige Zeichen, daß Bilbao

Bizarr: Atlantikküste am Playa de Laga

näher rückt. Die Industrie- und Hafenstadt ist der wirtschaftliche Motor des Baskenlandes, für mich aber nur Durchreiseort. Immer mehr wird die Landschaft ihrem Beinamen »das grüne Spanien« gerecht. Auf dem Puerto de la Sía leuchten die Wiesen im Abendlicht, und der anschließende Puerto de las Estacas dé Trueba, der an einer höllisch grünen Wand entlangklettert, mündet in einen Talkessel, de bis an den Berggrat mit Farnen und Gräsern überwuchert ist. Ein Bauer, der noch

NORDSPANIEN

Baskentrio:
Auch Männer tratschen

»BIEN MOTO«
RUFT MIR
EINER ZU, DIE
AFRICA TWIN
SCHEINT IHM
ZU GEFALLEN

Holzschuhe mit den drei Füßen trägt, versucht aufgeregt seine Kühe zurückzurufen, die anscheinend nicht so recht verstanden haben, was er von ihnen will. Anstatt auf die Weide zu marschieren, trotten sie in meine Richtung auf die Paßhöhe zu. Ich betätige mich kurz als Verkehrspolizist und treibe die Milchlieferanten zurück, wo sie der Besitzer in einen Seitenpfad leitet. Er ruft mir ein erleichtertes Gracias zu und verschwindet dann selbst zwischen den Büschen am Berghang. Fast unberührt von Fortschritt und Technik hat sich in solchen Tälern Vieles bewahren können. In Selaya steht sogar ein alter Palast, der Palacio de Soñanes. Verlassen, eingestaubt, zugewachsen, und wohl gerade deshalb wirkt die prunkvoll überla-

dene Fassade so anziehend. Als dann auch noch ein Bauer mit Pferd und Wagen vorbeitrabt, ist die Stimmung perfekt. Schade, daß alles verrammelt ist. Zu gern hätte ich herausgefunden, wie es im Inneren aussieht. Ein Stück weiter die Straße entlang, zum Ende der Ortschaft hin, gibt es Kantabrien pur und live. Bauerhöfe aus altem Stein und Holz, an denen nichts geschönt ist, die in Jahrhunderten gewachsen sind. Fassaden aus Balkonen und Blumentöpfen, aus Atmosphäre und Zeitlosigkeit. Wäscheleine an denen Laken und Hosen baumeln, und darunter sitzen Bauer und Bäuerin und halten einen Tratsch mit dem Nachbarn. »Bien Moto« ruft mir einer zu. Die Africa Twin scheint zu gefallen. Daß ich mit dem Motorrad von Deutschland bis hierher gefahren bin, können sie kaum glauben.

Hinter Torrelavega stehen nochmal Höhlen auf dem Programm. Diesmal die berühmteste Spaniens, die Cuevas de Altamira. Unter Fachleuten sind sie wegen ihrem Reichtum an mehrfarbigen Höhlenmalereien als Sixtinische Kapelle der Vorzeit bekannt. Aber die Besichtigung muß ich mir aus dem Kopf schlagen. Pro Tag werden aus

Gründen der Erhaltung nur maximal fünf Gruppen zu je fünf Personen in diese nicht nur für Forscher heiligen Hallen geführt. Es existiert eine Liste, in die sich jeder Interessierte eintragen kann. Die Wartezeit beträgt derzeit etwa fünfzehn Monate. Solange reicht mein Budget leider nicht, und ich mache mal wieder eine Postkartenbesichtigung am Andenkenkiosk.

Einen Gasstoß weiter liegt Santillana del Mar, das vom Straßenplaster bis zum Kloster sein mittelalterliches Ambiente erhalten hat. Dieses Heidelberg Nordspaniens ist fest in touristischer Hand. Ich lerne einen Deutschen kennen, der die Stadt schon vor Jahren zu seiner Wahlheimat gemacht hat. Er weiß, daß zweimal im Jahr ein Motorradtreffen im Ort stattfindet. Wenn es nach ihm ginge, könnte es noch öfter sein, meint er, dann sei wenigstens was los im Städtchen. Außerdem ließen 50 Motorradfahrer mehr Geld im Ort, als 50 Busse mit Rentnern, die sich zudem noch vor dem Kloster zum Gruppenfoto aufbauen und dann oft ganz fürchterlich zu singen anfangen würden.

Als alter Fan von Antonio Gaudí heißt mein nächste Ziel Comillas, wo der Architekt im märchenhaften Gebäude El Ca-

Massiv: Die Picos de Europa bei Sotres

pricho seine Handschrift hinterlassen hat. Wenige Kilometer von der Küste entfernt beginnen die Cordilleras de Cantabrica, eine der wildesten und schönsten Gebirgslandschaften Spaniens, und ein Eldorado toller Motorradstrecken. Wer Sehenswertes sucht, muß nur die Augen richtig aufmachen. Die Kathedralen der Cordilleren sind aus Granit, die höchste heißt Torre Cerredo und streckt sich mit 2648 Metern am weitesten in den Himmel über den Picos de Europa, den Gipfeln Europas. Seit drei Tagen liegen nur Wolken über dem Campingplatz, erzählt mir ein Engländer, als ich in Potes ankomme. Aber als ich am nächsten Morgen aus dem Zelt schaue, läuft mir ein Schauer über den Rücken. Wie eine überdimensionale Staumauer steht eine mächtige Granitwand am Ende des Tales. Fünfundzwanzig Kilometer später sitze ich zusammen mit Bergsteigern in einer Gondel der Seilbahn von Fuent Dé, und schwebe hinauf auf diese graue Mauer. Die Aussicht von oben ist dank des stahlblauen Himmels grandios, was mir jedoch viel mehr im Kopf umgeht ist ein Geländewagen, der vor der Gipfelstation parkt. Wo ein Jeep steht, kann eine Piste nicht weit

DIE KATHEDRALEN DER CORDILLEREN SIND AUS GRANIT

Schluchtenflitzer: Im Nationalpark von Saja

sein. Der Hüttenwirt hat, was ich suche, eine Karte im Maßstab 1:200 000. »Pista para Jeep«, steht da neben der weißen Linie, die ab Espinama in die Berge gezeichnet ist. Gut eine Stunde später steht die Honda neben dem Landrover an der Gipfelstation. Zwischen Almwiesen, auf denen obercoole Kühe ob des Motorrades nicht mal ihre Köpfe drehten, stieg eine bucklige Piste hinauf in die Granitregion und bahnte sich den Weg durch einen langen Geröllhang und um graubraune Felswände zur Gipfelstation. Hatte ich von den Wanderern eigentlich böse Gesichter wegen der Ruhestörung erwartet, so bin ich überrascht, daß sie nur ganz erstaunt wissen wollen, wie ich mit dem Mo-

EINIGE VERMUTEN SOGAR, DASS ICH DAS MOTORRAD IN DER GONDEL MITGENOMMEN HABE

torrad hier heraufgekommen bin. Einige vermuten sogar, ich hätte es in der Gondel mitgenommen. Ein älteres englisches Pärchen gibt mir Tips, wo es angeblich noch ein paar tolle Wanderwege gibt, die ich auch mit dem Motorrad bewältigen könnte. Laut Karte müßte ich über Sotres und Tresviso in der Nähe von La Hermida wieder in das Tal des Rio Deva kommen. Aber als ich in Tresviso den Wirt nach dem Weg frage, zeigt er nur auf ein Poster an der Wand. Auf diesem ist ein in engen Serpentinen angelegter Fußweg in einer steilen Felswand zu erkennen. Die Straße, die in der Karte eingezeichnet ist, existiert überhaupt nicht. Aber er kennt einen anderen Weg. Ich muß acht Kilometer zurückfahren, dort biegt eine andere Piste zum Refugio Caseton de Andara ab, und führt dann weiter über Beges nach La Hermida. Die Piste ist eine anstrengende Plackerei, aber die grandiose Berglandschaft entschädigt für die durchgeschwitzten Klamotten. Durch die Schlucht von La Hermida erreiche ich wieder Potes, und von da ab geht es rund. Ein Paß reiht sich an den anderen, saftiggrüne Wiesenlandschaften und wuchtige Berg-Massive

**Brauchtum:
Volkstanz in Eskoriatza**

Espagña verde: Das grüne Spanien

fliegen vorbei. Der Puerto de San Isidro ist auf dem Motorrad ein Höhepunkt, und erst als ich unten am Playa de Rodiles ankomme, erhöre ich mein Hinterteil, das schon seit längerem schmerzend eine Pause fordert. An dem breiten und gepflegten Sandstrand läßt es sich aber auch eine Weile aushalten, ohne den Helm überzustülpen. Außerdem hat inzwischen noch jemand den Norden erreicht: Die Sonne Spaniens hat sich endlich entschlossen, den Atlantik ein bißchen aufzuheizen.

SAFTIGGRÜNE WIESENLANDSCHAFTEN UND WUCHTIGE BERGMASSIVE FLIEGEN VORBEI

INFO NORDSPANIEN

TOUR 4

Gefahrene Strecke:
etwa 1600 Kilometer

 Karte:

Von der Französischen Grenze bis
Oviedo die Michelinkarte Nr. 442.
Das letzte Stück der Strecke,
westlich von Oviedo, ist in der
Michelinkarte Nr. 441, oder in der
Karte Firestone, Costa Verde/Picos
de Europa zu finden. Für die
Schotterpisten in den Picos de
Europa ist die Wanderkarte Los
Urrieles y Andara, Mappa Ex-
cursionista, 1:25 000 die beste. Sie
ist in der Region erhältlich.

 Route:

HONDARRIBIA – Pasai – Dono-
stia – SAN SEBASTÁN – Hernani
– Ereñozu – Pagoaga – Goizueta –
Leiza – Huici – Lecumberri –
Santuario de San Miguel – Lecum-
berri – Odériz – Irurzun – Erroz –
Puerto de Ulzurrun – Guembe –
Arguiñano – Irujo – Murugarren –
Estella – Zudaire – Puerto de
Urbasa – San Martin – Aranarache
– Larraona – Contrasta – San
Vicente de Arana – Sabando –

Cicujano – Maestu – Vitoria
Gasteiz – Durana – Arroyabe –
Ullíbarri Ganiboa – Leintz Gatzaga
– Eskoriatza – Arrasate Mondra-
gon – Elorrio – Bergara – Elgeta –
Bergara – Azkoitia – Azpeitia –
Azkoitia – Elgoibar – Markina
Xemein – Ondarroa – Lekeito –
Bedarona – Ibarranguela – Game-
cho – Cueva de Santimamiñe –
Oma – Santimamiñe – Guernika –
Mundaka – Bermeo – Arana –
Ermita de San Juan de Gaztelugat-
xe – Urkizaur – Arteta – Arminza –
Plentzia – Algorta – BILBAO –
Ortuella – Ontón – Talledo – Las
Muñecas – Garape – San Martin de
Carral – Herboso – La Matanza –
Villanueva – El Callejo – Ramales
de la Victoria – Veguilla – Puerto
de la Sía – Río de Trueba – Puerto
de las Estacas de Trueba – Vega de
Pas – Selaya – Villa Carriedo –
Vega – Santa María de Cayón –
Cantañeda – Vargas – Torrelavega
– Santillana del Mar – Caborre-
dondo – Cóbreces – Comillas –
Cabezón de la Sal – Ruente –
Cabuérniga – Carmona – Rionansa
– Cosio – Tudanca – Polaciones –
Puerto de Piedrasluengas – Valdep-
rado – Pesaguero – Ojedo – Potes
– Camaleño – Espinama – Fuente
Dé – Espinama – *(Für Enduristen*
beginnt in Espinama eine Schotter-
strecke zur Bergstation von Fuente
Dé, und über Sotres, Beges, und La
Hermida zurück nach Potes) –

Potes – Vega de Liébana – Puerto
de San Glorio – Portilla de la
Reina – Puerto de Pandetrave –
Santa Marina – Posada de Valdeon
– Puerto de Panderrueda – Vega-
cerneja – Burón – La Uña – Puerto
de Tarna – Puerto de las Señales –
Cofiñal – Isoba – Puerto de San
Isidro – Felechosa – Collanzo –
Cabañaquinta – Navaliego – Toli-
via – Pola de Laviana – Los
Barredos – Tiraña – Martimporra –
Nava – Ambás – Villaviciosa –
Playa de Rodiles – Villaviciosa –
Pola de Siero – El Beron – Gargan-
tada – La Felguera – Piedrafita –
Mieres – Ujo – Villallana – Pola
Piedracea – Llanuces – Santa Ma-
rina – Bárzana – Las Agüeras –
Caranga – Entrago – San Salvador
– Páramo – Puerto de Ventana –
San Emiliano – Sena de Luna –
Aralla – Casares de Arbás –
Rodiezmo – Villamanín – Cárme-
nes – Valdeteja – Nocedo de Curu-
eño – Valdepiélago – La Vecilla –
Boñar.

**15 000 Jahre alt: Höhlen-
malereien in Santimamiñe**

INFO NORDSPANIEN

 Anreise:

Aus Süddeutschland ab Grenzübergang Müllheim/Mulhouse
über Besançon, Chalon, Mont-
luçon, Limoges, Périgueux und
Mont de Marsan bis zur spanischen Grenze sind es rund 1200
Kilometer. Von Norddeutschland
ab Aachen über Reims, Paris,
Bordeaux nach Irun ist es in etwa
genauso weit.

 Übernachten:

In den Picos de Europa und
entlang der Küste bietet der
Norden genügend Übernach-
tungsmöglichkeiten. Neben
Campingplätzen und Hotels

nennen sich diese Fonda, Hos-
pedaje, Pensao oder Hostal.
Die unten angegebenen Preiskategorien gelten nur während
der Hauptsaison. In der Nebensaison, und vor allem in der
Vorsaison ist es erheblich billiger.
Vorreservierungen sind normaler-
weise nur in ausgesprochenen
Touristenorten nötig. Dann auch
nur im August, dem spanischen
Urlaubsmonat.

Hotel:
● ● Hotel San Nicolas
Plaza de Armas, 6
20280 Hondarribia
Telefon: 943/64 42 78
Ein Hotel mit dem Flair der »guten
alten Zeit« an einem der schönsten
Altstadtplätze Nordspaniens. Da es
nicht allzu groß ist sollte auf jeden
Fall vorgebucht werden.

Fotogen: Das Dorf Oma bei Santimamiñe

●● Hotel Rebeco
Fuente De
Telefon: 942/73 66 01
Fax: 942/73 66 00
Gutes Hotel an der Talstation der
Seilbahn in Fuente De. Basisstation für Wanderwillige.

●●●● Hotel Los Infantes
Avda. L'Dorat, 1
39330 Santillana del Mar
Telefon: 942/81 81 00
Fax: 942/84 01 03
Stilvolles und motorradfreundliches Hotel im sehr gut erhaltenen, mittelalterlichen Santillana del Mar. Die Betreiber organisieren gelegentlich Motorradtreffen. (Info unter Treffpunkte).
Der Hochsaisonpreis gilt nur im August und während der Osterwoche. Außerhalb dieser Zeit werden bis zu 40 Prozent Preisnachlaß gewährt.

Pension:
● La Taberna
Picos de Europa
39580 Tresviso
Telefon: 942/73 01 60
Interessant, wenn die Schotterpiste von Espinama nach Sotres gefahren wird.
Der Wirt vom La Taberna kann Auskunft über die weitere Piste nach Beges und La Hermida geben.

●● Bizketxe Baserria
Valle de Oma, 8
48315 Kortezubi
Telefon: 94/625 49 06
Die Unterkunft gehört zum Nekazalturismoa/Agroturismo, was die baskische Variante vom Urlaub auf dem Bauernhof bedeutet. Die Zimmer sind in einem typischen baskischen Bauernhaus in der Nähe der Tropfsteinhöhle von Santimamiñe, im nur einige Häuser großen Ort Oma untergebracht. Über dem Dorf Oma steht der vom Künstler Agustín Ibarrola bemalte Wald.

● Albergue La Ardilla Real
Picos de Europa
Santa Marina de Valdeon
Telefon: 987/74 26 77
Sehr günstige Unterkunft. Die angegebene Preisklasse gilt für ein Vierbettzimmer mit Stockbetten. Der ganze Laden ist neu renoviert.

Camping:
● Camping Santillana, S. L.
39330 Santillana del Mar
Telefon: 942/81 82 50
Fax: 942/84 01 83

● Camping Jaizkibel
20280 Hondarribia
Telefon: 943/64 16 79

● Camping Lizarra
31200 Estella
Telefon: 483/55 17 33

INFO NORDSPANIEN

● Camping La Ensenada
Playa de Rodiles
ca. 11 Km von Villaviciosa
Telefon: 985/89 01 57
Der Platz reißt nicht gerade von den Socken, aber etwa 400 Meter entfernt gibt es einen breiten und gepflegten Sandstrand.

● Camping El Redondo
Picos de Europa
Fuente De
Telefon: 942/77 66 99
Absolut ruhiger Platz, einige hundert Meter hinter der Talstation der Seilbahn in Fuente De. Eignet sich als Stützpunkt für Wanderungen in die Picos de Europa. Vom schlechten Weg auf den letzten Metern nicht abschrecken lassen.

● Camping Cobreces
Playa de Cobreces
39320 Cobreces
Telefon: 942/72 51 20
Der Platz liegt direkt am Sandstrand. Die Chefin spricht Deutsch. Geöffnet von Mitte Juni bis Mitte September.

 Gastronomie:

Eßkultur hat in Nordspanien Tradition. Jedes Restaurant bietet ein Menu del Dia an, das Vorspeise, Hauptspeise, Nachspeise,

Brot, Wasser und Wein beinhaltet. Obwohl Spaniens Norden etwas teurer ist als der Süden, sind diese Menüs recht preiswert. Die üblichen Essenszeiten sind Mittags ab 14 Uhr und Abends ab 22 Uhr. In den Bars gibt es zum Essen meist nur Kleinigkeiten wie Bocadillos (Sandwiches) mit Schinken, Käse oder Tortillas. In Kantabrien wird zum Essen häufig Sidra getrunken, ein Apfelwein mit etwas geringerem Alkoholgehalt als normaler Wein.

 Klima/Reisezeit:

Ein guter Motorrad-Reisemonat ist der Juni. Dann ist es an der Küste noch nicht zu heiß und in den Bergen bereits schön warm. Im September hat der Atlantik die besseren Badetemperaturen. Der August ist Haupt-Urlaubsmonat der Spanier. Dann sind vor allem die Strände voll, und auch die Wandergebiete in den Picos de Europa haben Hochkonjunktur. Zum grünen Spanien gehört leider auch ein gewisses Maß an Regen, der sich aber übers ganze Jahr verteilt.

 Enduro:

Eine sehr schöne Endurostrecke beginnt in Espinama in den Picos

de Europa und führt durch das Valle de Duje nach Sotres. Dazwischen gibt es einen Abstecher zur Bergstation der Seilbahn von Fente Dé. Dieser Weg ist aber im Juli/August eine vielgenutzte Wanderstrecke und sollte in dieser Zeit gemieden werden. Es könnte sonst sein, daß die Strecke bald gesperrt wird.

Eine weitere Endurostrecke beginnt etwa dreieinhalb Kilometer östlich von Sotres. Dort beginnen zwei Strecken, die über Beges nach La Hermida führen. Gleich am Anfang teilt sich die Piste. Die etwas schwierigere Variante führt nach rechts über die Berghütte Casetón de Andara. Wenige Kilometer vor Beges treffen beide Routen wieder zusammen. In La Hermida trifft dieser Abstecher auf die Hauptstrecke nach Potes, von wo die beschriebene Tour weitergefahren werden kann.

 Sehenswert:

Die Altstadt von Hondarribia. Das Kloster San Miguel. Die Basilika in Loyola. Die Höhlenzeichnungen von Santimamiñe (Führungen von Montag bis Freitag, 10.00/11.15/12.30/16.30/18.00 Uhr, Treffpunkt am Höhlen-

eingang), Samstags, sonntags und feiertags geschlossen, je Führung maximal 15 Personen.

Die Eremita San Juan de Gaztelugatxe. Die Höhlenzeichnungen von Altamira (nur bei langfristiger Voranmeldung möglich). El Capricho von Antonio Gaudí in Comillas.

 Treffpunkt:

In Santillana del Mar wird vom Hotel Los Infantes zweimal pro Jahr im März und im November ein kleines Motorradtreffen organisiert. Infos gibt es ab 1. März und ab 1. November unter der Faxnummer 942/84 01 03.

 Adressen:

Spanisches Fremdenverkehrsamt
Myliusstraße 14
Postfach 17 05 47
60323 Frankfurt/M.
Tel.: 069/72 50 33
Fax: 069/72 53 13

Touristinfo Hondarribia
Javier Ugarte, 6
20280 Hondarribia
Telefon: 943/64 54 58
Fax: 943/64 54 66

BEGEGNUNGEN

In der hügeligen Berglandschaft
Nordportugals verstecken sich nicht
nur tolle Motorradstrecken,
dort ist auch ein freundliches und
offenes Volk zuhause.

NORDPORTUGAL

Gewichtig: Granitblöcke im Nationalpark von Gerês

NORDPORTUGAL

Da erzählt er mir nun minutenlang eine Geschichte nach der anderen, lacht zwischendurch, fuchtelt mit den Armen herum, nennt mal diese Ortschaft, mal jene, zeigt über sein Land, und plappert weiter und weiter. Als ich vor 20 Minuten über die Staumauer, die den Rio Douro bei Miranda in einer engen, hohen Felsschlucht zum Energiespeicher macht, ins Land tuckerte, hatte ich gleich die Regenkombi ausgezogen, und jetzt gießt es, was runtergeht. Deswegen stehen wir also unter dem Dach einer Tankstelle, und mein Gegenüber erzählt und erzählt und ich denke mir immer nur, in einem Land, in dem einer einem Fremden bei strömendem Regen

Aussichtsreich: Die Burgruine von Algoso

unentwegt Geschichten erzählt, da müssen die Menschen guter Dinge sein. Was macht es da schon, daß ich außer einigen Ortsnamen kein Wort davon verstehe.

Trás os montes, hinter den Bergen, heißt diese Region Portugals. Genauer wäre wohl, Land in den Bergen, oder noch besser, Land hinter der Zeit.

**Fleißig:
Portugiesischer Landwirt**

Denn in diesem nordöstlichsten Bezirk Portugals hat sich im Laufe der Jahre nicht viel geändert. Was den Bewohnern in der Region Trás os Montes das Leben so schwer macht, nämlich die Tatsache, daß es hier so gut wie kein ebenes Fleckchen Erde gibt, um es auf einigermaßen einfache Art und Weise zu bearbeiten, das verschafft mir, was ich suche: Das richtige Revier zum Motorradfahren. Über die Hügel schlängelt sich die Strecke wie eine frische Dauerwelle. Das ist bestimmt auch der Grund, warum in Mogadouro so viele Motorräder am Straßenrand stehen. Und von Peredo nach Alfandega da Fe gehören die Sinne endgültig dem Kurventanz. Links, rechts, links, rechts, einige Fuffziger zweitakten im Bienenschwarm-Sound entgegen, die jungen

IN DIESEM NORDÖSTLICHSTEN BEZIRK PORTUGALS HAT SICH IM LAUFE DER JAHRE NICHT VIEL GEÄNDERT

VON PEREDO NACH ALFANDEGA DA FE GEBE ICH MICH GANZ DEM KURVENRAUSCH HIN

121

NORDPORTUGAL

Urwüchsig: In der Sierra da Estrela

Fahrer in Renn-Manier tief hinter die mickrige Verkleidung geduckt. Dann bin ich wieder allein auf der Strecke. Am Straßenrand sind oft Wasserstellen und Tränken angebracht, aus denen zumindest bis ins späte Frühjahr pausenlos frisches Wasser plätschert. Vor Alfandega da Fe teile ich mir eine solche mit einem Maulesel, der eine schlürft aus dem Wasserbecken, der andere hält die hohle Hand unter den Wasserstrahl. Da lacht auch der ältere Herr auf dem Sitz des Eselskar-

rens, aber auch er zieht einen Plastik-Kanister hervor und füllt ihn auf. Als er gemächlich mit dem monoton klappernden Tritt der Eselshufe weiterzieht, fällt mir ein Satz ein, den ich in einem Prospekt über die Gegend gelesen hatte: »Lernen Sie wieder die Kunst, Zeit zu haben«. Ich bin mir sicher, dieser Mann versteht etwas davon.

Samstag ist Schlachttag. In Covelas, in einem Garten, direkt neben der Straße, liegt auf einem groben Holztisch ein Schweinekörper. Die ganze

Familie steht drum herum, der eine hält die Vorderläufe, ein anderer schnippelt mit dem Messer Fleisch heraus und wieder einer sammelt es in einer Schüssel. Ich halte an, schaue ein wenig zu und werde prompt hereingewunken. Als sie erfahren, daß ich aus dem fernen Deutschland fast 2500 Kilometer auf dem Motorrad bis hierher gefahren bin, wird gleich die Tochter ins Haus geschickt. Sie kehrt Minuten später mit einem Teller Käse, einer Flasche Wein und Brot zurück. Der Wein stamme aus dem eigenen Garten, wird mir mit einer Armbewegung auf die Weinstöcke entlang des Zaunes versichert, und auch der Käse würde in der Region hergestellt. Es schmeckt wirklich hervorragend, wenn es auch nicht unbedingt appetitanregend ist, neben dem Schweineschlachten Brotzeit zu machen, zumal eben die Gedärme und Innereien entnommen werden. Als ich weiterfahre, bin ich mir nicht sicher, ob das noch legal ist, denn ich komme nicht auf das Motorrad, ohne daß noch einige Male nachgeschenkt wird. Es gehört halt zu den schwierigeren Aufgaben eines Reisenden, nüchtern aus portugiesischer Gastfreundschaft zu entkommen.

Nördlich von Mirandela liegt Jerusalem do Romeu, wo ungewöhnlich große Hinweisschilder zum Dörfchen Romeu leiten. Das Restaurant Maria Rita, bekannt für seine Spezialitäten, ist nicht der einzige Grund dafür. In Romeu lebte mal ein gewisser Clemente Menéres, der es zu einem gewissen Reichtum gebracht hatte. Der Mann hatte eine ausgeprägte Sammel-Leidenschaft und aus dem, was er so nach Hause schleppte, ist ein kleines Museum entstanden. Das »Museu das Curiosidades«, das Kuriositäten-Museum, das durch seinen Standort in dem nur wenige Häuser kleinen Dorf selbst schon ein Kuriosum ist. Trotzdem finde ich es nicht sofort, aber zwei alte Frauen, die am Gartenzaun ein Schwätzchen

SIE KEHRT MINUTEN SPÄTER MIT EINEM TELLER KÄSE, EINER FLASCHE WEIN UND BROT ZURÜCK

**Zerkritzelt:
Kunst am Wegweiser**

Sonntagsbraten: Samstags ist Schlachttag

NORDPORTUGAL

Eingenebelt: Radarstation auf dem Torre

halten, sehen mir an, was ich suche. Ich soll den Weg zurückgehen, und wenn ich an einer Mauer eine große Glocke sehe, soll ich daran läuten. So klappt es tatsächlich. Vom Haus gegenüber wird ein Schlüsselbund gebracht, und der Museumswärter öffnet extra für mich. In den Räumen finden sich uralte Musikautomaten, wahrlich kuriose Telefone aus der Steinzeit der Telekommunikation, ein Hochrad, Kutschen und sogar eine Flasche Wein aus dem Jahre 1815. Eine volle wohlbemerkt. Aber daraus gibt es auch für weitgereiste Motorradfahrer keinen Schluck zu trinken. Im Untergeschoß stehen drei Autos aus den 20er und 30er Jahren, gepflegt, als kämen sie frisch aus der laufenden Produktion.

Hinauf zur Distrikt-Hauptstadt Bragança wurde eine Kraftfahrzeugstraße gebaut. Sie soll die ärmste Region Portugals aus ihrer wirtschaftlichen Isolation herauslösen, die unter

Zeit lassen: Schwätzchen am Wegesrand

anderem auch durch die bisher schlechte Verkehrsstruktur bedingt war. Für mich hat das einen anderen Vorteil. Auf der alten Straße gibt es keinen Verkehr. Aber beim Versuch, Macedo de Cavaleiros auf unbekannten Pfaden südlich zu umfahren, macht mir die fehlende Ausschilderung einen Strich durch die Rechnung. Ich weiß für eine Weile schlichtweg nicht mehr, wo ich bin, fahre kreuz und quer über Wege, die in keiner Karte stehen und komme so durch Dörfer, die von der Zeit scheinbar vergessen worden sind. In Castelaos müßte so manches Haus eigentlich Opfer des nächsten, heftigen Windstoßes werden. Aber gerade von solchen Gebäuden beugt sich oft ein Kopf über das Balkongeländer aus krummen Holzstangen, dessen zerfurchtes Gesicht die Geschichte vom harten Leben »hinter den Bergen« erzählt. Und gerade aus solch einem Gesicht schaut oft ein überraschend aufgewecktes Paar

NORDPORTUGAL

Sonntagsruhe: Bankier in Bragança

Augen heraus, die Straße beobachtend, um zu sehen, was dort abgeht.

Die Berge werden zu Hügeln, die Hügel zu Hängen, die Bewirtschaftung der Flächen wird einfacher und grüne Wiesen gewinnen langsam die Oberhand. Bragança, die Distrikt-Hauptstadt, taucht auf. Auf einem Hügel neben der Stadt steht der alte Stadtteil, dessen windschiefe Häuschen von einer zinnenbewehrten, meterdicken Mauer umgeben sind. In dem Monstrum von Wehrturm ist heute ein kleines Museum untergebracht.

dafür bekannt, daß dort 73 Grad heißes Wasser aus dem Boden sprudelt. Als ich aber bei der Touristen-Info anfrage, wo ich mal eben ein heißes Bad nehmen könnte, werde ich belehrt. Erst müßte ich zum Arzt gehen, und wenn der mir bestätigt, daß ich Rheuma habe, dann könnte ich im Thermalbad eine Kur machen. Mal sehen, was sich bis zum nächsten Mal machen läßt.

Nordöstlich von Chaves zweigt eine Straße zum Parque Nacional da Peneda Gerês ab. Eine schmale Teerstraße wiegt sich hinauf, bis hinter einer Kurve der Stausee do Alto Cávado auftaucht, und mit ihm die Sicht auf ein beeindruckendes Berg-Panorama. Ein Bauer, der seinen Kühen beim Grasen zusieht, erklärt mir, daß hinter

AUF DER KARTE IST DIE STRASSE WIE EIN KORKENZIEHER EINGEZEICHNET

Die Strecke von Bragança über Vinhas nach Chaves scheint extra für Motorräder geschaffen worden zu sein. Schon auf der Karte ist diese Straße wie ein Korkenzieher eingezeichnet, und dementsprechend kurvig geht es durch die Hügellandschaft. Chaves ist

Startklar:
Gleich läßt er's krachen

129

NORDPORTUGAL

Unterwelt: Die Tropfsteinhöhle von Mira d'Aire

diesen Bergen Spanien liegt. Mit der Fahrt über die Staumauer ändert sich fast schlagartig die Landschaft. Nach wenigen Kilometern wähne ich mich im Wilden Westen. Wuchtige Granitblöcke stapeln sich zu grauen Steintürmen auf, plätschernde Wasserfälle polieren den Fels, und die eng zusammengepferchten Häuser im Tal werden mit jedem Höhenmeter undeutlicher. Hinter Sirvozelo steigert sich alles nochmal, und ich kann mich trotz der späten Stunde nicht beherrschen und fahre eine verlockende Sandpiste hoch. Nach imposanten Kilometern endet sie aber leider an einer geschlossenen Schranke. Wer keine Enduro unterm Hintern hat, sollte in Cabril nach Sidrós abbiegen und auf der 103 weiterfahren. Ansonsten geht hier der Spaß los. Nach den engen Gassen eines urigen Dorfes, in dem erstaunte Blicke dem Schlag des Motors folgen, beginnt eine von Wasserläufen kreuz und quer ausgewaschene Piste, die den Weg nach Gerês erheblich abkürzt. Eine Ziegenherde weigert sich, die KLR als freundlich gesinnten Ziegenbock anzusehen, und ergreift die Flucht vor dem grünen Ungetüm. Aber den Hirten stört das nicht, er gibt mir freundlich

**Gesünder Leben:
Schaufensterauslage in Chaves**

Auskunft, welche der drei unbeschilderten Abzweigungen am Dorfausgang die richtige ist. Als ich in Vilar da Veiga ankomme ist es längst dunkel, und ich entschließe mich deshalb für die Teerstraße hinauf nach Campo do Gerês. Etwas weiter nördlich gibt es zwar eine Sandpiste, aber die hebe ich mir für den Rückweg auf. Die Landschaft, die sich dort oben präsentiert, ist die Reise bei Tageslicht wert. Zwischen dem herben Charme der Granitfelsen und dem milden Klima in Vilar da Veiga liegen einsame, aussichtsreiche Kilometer. Den Weg ins 40 Kilometer entfernte Braga säumen bereits reife Orangen- und Zitronenbäume, deren Früchte gleich am Straßenrand verkauft werden. Der Verkäufer

EINE ZIEGENHERDE WEIGERT SICH, DIE KLR ALS FREUNDLICH GESINNTEN ZIEGENBOCK ANZUSEHEN

131

Zeitlos: Die Altstadtfassade von Porto am Ufer des Douro

NORDPORTUGAL

Durstige Rösser: Tankstelle für Vierbeiner

hat oft nur eine Waage am Straßenrand stehen, neben der er auf einer Holzkiste sitzend auf Kundschaft wartet.

In der Kathedrale von Braga ist die Capela dos Reis, die Königskapelle, untergebracht. In dieser liegt eine eher makabre Attraktion in einer Mauer-Nische hinter Glas: Die einbalsamierte Leiche eines Erzbischofs aus dem vierzehnten Jahrhundert. Für ein paar Escudos Eintrittsgeld kann sie innerhalb einer Führung besichtigt werden. Nach einem kurzen Besuch bei der Kirche Bom Jesus do Monte, deren mächtige Freitreppe Scharen von Besuchern anzieht, fahre ich quer durchs Land zum Atlantik, Richtung Sonne. Entlang der rauhen Küste, an der sich zwischen der unwegsamen Felsküste lange Sandstrände verstecken, erreiche ich Porto, die zweitgrößte Stadt Portugals und Hauptstadt des Nordens. Die Altstadt ist ein Gewusel von kunstvollen Sprossenfenstern, reichverzierten Türen in längst verblaßten Farben und hunderterlei kunstgeschmiedeten Balkongeländern mit allerlei Grünzeug dahinter. Über dem Café am Nordufer des Douro flattern Bettlaken, Hemden und Unterhosen an der Wäscheleine und

ÜBER DEM CAFE AM NORDUFER DES DOURO FLATTERN BETTLAKEN, HEMDEN UND UNTERHOSEN AN DER WÄSCHELEINE

geben so den strammen Hauswänden einen Hauch von Eigenleben. Die Pflasterstraßen dazwischen sind so bucklig, daß die Autofahrer versuchen, auf den Schienen der Straßenbahn zu fahren. Da lobe ich mir die Federwege der Enduro. Auf der Südseite des Douro steht das Abbild eines schwarzbemantelten, weinprüfenden Werbemannes, der jedem bekannt sein dürfte, der schon mal am Schnaps-Regal eines Supermarktes vorbei kam. Es ist der Senhor Sandeman, der aber nichts mit dem Sandmännchen zu tun hat, im Gegenteil. Er ist das Emblem des Portweinherstellers Sandeman, der in seinen Kellern dort drüben so um die 30 Millionen Liter Portwein lagert. Darunter auch der edle Vintage, teils bis zu 50 Jahre alt. Eine solche Flasche wird nur geöffnet, wenn hoher Besuch in der Stadt ist, und dann ist das Ganze eine Zeremonie. Da der Korken beim Öffnen bröseln könnte, wird der Flaschenhals mittels einer glühenden Zange und kaltem Eis abgesprengt. Der Portwein kommt dann für zwei Stunden in eine Karaffe, bis sich die Sedimente abgesetzt haben, und muß darauf, wegen der Geschmacksveränderung durch Oxidation, innerhalb von 24 Stunden getrunken werden. Dies dürfte das kleinste Problem sein. Fast unmöglich ist es jedoch, als Normalsterblicher an eine solche Flasche heranzukommen. Aber auch der Dreijährige stellt sich bei der Weinprobe nach dem Rundgang als edler Tropfen heraus.

Am Ufer des Douro entlang verlasse ich Porto, um oben, wo die Weinberge beginnen, ins Landesinnere abzudrehen. Dunkel wie ein schwarzer Klotz liegen die Berge am Horizont. Noch in Seia steigt die Straße steil an, und gleich hinter den letzten Häusern beginnt eine der interessantesten Landschaften Portugals, die Serra da Estrella. Für Motorradfahrer ist diese Strecke Pflicht. Schon nach wenigen Kilometern reicht der Blick weit in das Hinterland.

DER FLASCHEN-HALS WIRD MITTELS EINER GLÜHENDEN ZANGE UND KALTEM EIS ABGESPRENGT

Fotografieren wollen Sie mich? Aber bitte.

135

NORDPORTUGAL

ALS ICH AUF DEM PLATEAU ANKOMME, STEHT DER ZEIGER DES THERMOMETERS UNTER NULL GRAD

Einziger Nachteil: Jetzt im Frühjahr ist es lausig kalt hier oben, aber es soll noch schlimmer kommen. Eine Straße die mit jedem Alpenpaß konkurrieren könnte, klettert steil hinunter nach Manteigas, einem recht modernen Ort, der für Berg-Tourismus steht. Auf den nächsten dreizehn Kilometern wird es dann richtig alpin. Hütten aus Stein nutzen mächtige Granitblöcke als Rückwand, ein Bach springt über die Felsen und am Ende des Tales steigt für portu-

giesische Verhältnisse eine imposante Felswand in die Höhe. Torre heißt dieser mit 1993 Metern höchste Berg im Lande. Auf den Gipfel, wo eine Radarstation die 2000-Meter Marke voll macht, kann gefahren werden. Aber heute kostet das Überwindung, denn der eiskalte Wind bläst die Wolken wie Wattefetzen über den Gipfel. Als ich auf dem Plateau ankomme, steht der Zeiger des Thermometers unter Null Grad. Wenn es genug Niederschlag

Rattensicher: Maisspeicher in Campo do Geres

gibt, ist hier Portugals einziges Skigebiet, und wenn die Luft klar ist, dann reicht die Sicht weit bis nach Spanien hinein.

Ich habe mich etwas verschätzt, wollte über Covilha und Tortosendo wieder auf die Westseite der Berge, bevor es dunkel wird. Die Strecke ist aber so kurvenreich, daß ich trotz eines flotten Fahrstils bald im Dunkeln stehe. Ich folge einer Ausschilderung zu einem Bergdorf und erkundige mich beim Ersten, den ich auf der Straße treffe, ob ich hier irgendwo übernachten könne. Ich habe Glück, ich kann gleich bei ihm bleiben, er bietet mir sein Gästezimmer an. Seine Frau schmeißt den Küchenherd an, und die Großmutter zieht sogar einen verwitterten Bildband aus einer Schublade und zeigt mir, wo ich noch überall hinzufahren habe. Piódao gehört auch dazu, und sie weiß auch gleich eine Abkürzung dorthin. In Vide, direkt vor der Bogenbrücke über den Rio Alvoco links ab, und dann den Berg hoch. Nach 16 Kilometern liegt der Ort, der oft als Aushängeschild für portugiesische Bergdörfer herhalten muß, unter mir im Tal. Piódao ist ein Felsdorf. Der Boden der engen Gassen, die

Bacalhau: Trockenfisch ist eine Landesspezialität

Wände der Häuser, und auch die Dächer, alles ist aus grauen Schieferplatten gebaut. So stabil und säuberlich, als müßte es für alle Ewigkeiten halten. Der Ort kann nur zu Fuß erkundet werden, denn für die Größe eines Autos gibt es keine Straße, selbst für ein Motorrad ist kein Platz. Gleich links am Dorfeingang gibt es ein Restaurant, das den Trockenfisch, eine portugiesische Spezialität, erstklassig zubereitet.

Noch ein letzter Aussichtspunkt von der anschließenden Serra da Lousa, dann gehen die Hügel in flaches Land über. Die Vegetation wird dichter und die Straßen wieder etwas gerader. Der Norden geht hier langsam zu Ende, draußen an der Küste zeigt Portugal sein anderes Gesicht.

DIE GROSSMUTTER ZEIGT MIR, WO ICH NOCH ÜBERALL HINZUFAHREN HABE

INFO NORDPORTUGAL

TOUR 5

Barragem *de Paradela*

★ Burg
Bragança

Vilar da Veiga

Paradela
do Rio

Chaves

Vimioso

Miranda
do Douro

Romeu

Braga ★ Capela dos Reis

Mirandela

Algóso

Vila do Conde

Alfândega da Fe

Mogadouro

PORTO
Portweinkellereien ★

Serra do
Mogadouro

Rio Douro

Castello
de Paiva

Castro Daire

Viseu

Serra da Estrela

Seia

Manteigas

Torre▲

Covilha

Piódao

Gois

Figueiró dos Vinhos

★ Kloster
Batalha

Ourem

Mira d'Aire

Nazaré

★ Troppfsteinhöhle

TOUR 6

Gefahrene Strecke:
etwa 1450 Kilometer

INFO NORDPORTUGAL

 Karte:

RV-Verlag, Spanien/Portugal 9/10,
1:300 000

 Route:

Miranda do Douro – Vimioso –
Campo de Viboras – Algóso –
Azinhoso – Mogadouro – Al-
fandega da Fe – Sambade – Cove-
las – Vale de Asnes – Mirandela –
Carvalhais – Jerusalem de Romeu
– Romeu – Jerusalem de Romeu –
Cortiços – Carrapatas – Macedo de
Cavaleiros – Limaos – Castro
Roupal – Vinhas – Bagueixe –
Frieiras – Izeda – Sao Pedro de
Serracenos – BRAGANÇA –
Vinhais – Sobreiro – Rebordelo –
Aguas Frias – Chaves – Curalha –
Sapiaos – Montalegre – Covelaes –
Paredes – Outeiro – Paradela –
Sirvozelo – Lapela – Cabril –
Pincaes – Fafiao – Caldas do Gerês
– Vilar da Veiga – Rio Caldo –
Campo do Gerês – Caldas do
Gerês – Canicada – Braga –
Barcelos – Alvelos – Pedra Furada
– Fontainhas – Beiriz – Vila de
Conde – Mindelo – Vila Cha –
Lavra – Perafita – Porto – Jovim –
Melres – Sebolido – Castelo de
Paiva – Alvarenga – Cabril –
Castro Daire – Ribolhinhos –

Lordosa – Viseu – Nelas – Carval-
hal de Loiça – Paranhos – Seia –
Manteigas – *Torre (Berggipfel)* –
Penhas de Saúde – Covilha –
Tortosendo – Unhais da Serra –
Teixeira – Barreosa – Vide –
Piódao – Relva Velha – Coja –
Arganil – Bordeira – Gois –
Vilarinho – Lousa – Candal –
Castanheira de Pêra – Figueiro dos
Vinhos – Pussos – Zambujal –
Pelmá – Freixianda – Rio de
Couros – Caxarias – Vila Nova de
Ourem – Fatima – Mira d'Aire –
Porto de Mós – Batalha – Ma-
ceirinha – Martingança – Pataias –
Nazaré.

 Anreise:

Ein langer Weg. Bei der Anreise
über Südfrankreich (siehe Info
Katalonien / Valencia) sind es ab
der deutsch-französischen Grenze
im Schwarzwald über Lyon,
Montpellier, Barcelona, LLeida,
Zaragoza, Soria, Aranda, Valladolid und Zamora bis zur portugiesischen Grenze in Miranda do Douro
etwa 1900 Kilometer. Beim Start
in Norddeutschland ist die Route
ab der Grenze bei Aachen über Paris, Tours, Bordeaux, Bayonne,
Irun, Gasteiz Vitoria, Burgos,
Valladolid und Zamora bis Miranda do Douro rund 1700 Kilometer

lang. Beide Strecken bestehen zum Großteil aus Autobahnen oder zweispurigen Kraftfahrzeugstraßen.

 Übernachten:

Fast in jedem Ort gibt es ein Recidencial oder wenigstens eine Pension, wo es sich preiswert nächtigen läßt. Eine Besonderheit sind die Pousadas, staatliche Hotels, die oft in historischen Gebäuden wie Klöstern oder Burgen untergebracht sind. Allerdings sind dort die Übernachtungspreise im oberen Bereich angesiedelt. Außerhalb der Hochsaison gibt es Preisnachlässe.

Hotels:
● ● ● Pousada de Sta. Catarina
5210 Miranda do Douro
Telefon: 073/412 55
Fax: 073/410 65

● ● ● ● Pousada de S. Lourenço
6260 Manteigas
Telefon: 075\98 24 50
Fax: 075\98 24 53
Pousada in Traumlage in der Serra da Estrella hoch über Manteigas. Leider etwas teurer.

Pensionen:
● Residencial Centro
Bairro S. Sebastiao
5230 Vimioso
Telefon: 073/52 53 9

Gut versorgt: Frühstück in einer Privatunterkunft

●● Residencial Tulipa
R. Dr. Francisco Felgueiras, 8/10
5300 Bragança
Telefon: 073/33 16 75
oder 33 17 48
Fax: 073/278 14
Der Chef spricht Deutsch und das
Motorrad kann in die Garage
gestellt werden.

● Hospedaria Pousadinha
Paradela do Rio
5470 Montalegre
Telefon: 076/56 165
Nette kleine Unterkunft am Barra-
gem (Stausee) de Paradela.

● O Fontinha
Piódao
3300 Arganil
Telefon: 035/93151
Unterkunft in Portugals Vorzeige-
Bergdorf Piódao. Für August muß
mehrere Wochen im voraus
gebucht werden.

●● Residencial
Beleza da Serra
Lugar de Bairro
Vilar da Veiga
4845 Gerês
Telefon: 053/39 11 47
Fax: 053/39 14 57
Liegt am See zwischen Caldas do
Gerês und Vilar da Veiga. Im
zugehörigen Restaurant gibt es
hervorragend zubereitete Spezia-
litäten. Der Wirt spricht Englisch.

● Residencial D. Carlos
Rua Alexandre Herculano, 185
4000 Porto
Telefon: 02\31 57 39
Günstige Lage für Erkundungen
zu Fuß. Etwa gleich weit bis zur
Altstadt am Ufer des Douro und
zur Praca Liberdade.

Jugendherberge:
● Penhas da Saúde
Apartado 148
6200 Covilha
Telefon/Fax: 075/253 75
JH in bester Berglage, wenige
Kilometer östlich des Torre.

Camping:
● Clube de Campismo e
Caravanismo da Covilha
Apartado 208
6203 Covilha Codex
Telefon: 075/31 43 12
Campingplatz mit Aussicht in der
Serra da Estrella zwischen Penhas
da Saúde und Covilha.

● Parque de Campismo
do Valado
2450 Nazaré
Telefon: 062/511 37
Ein Campingplatz der Orbitur-
Kette, der etwas außerhalb von
Nazaré an einer ruhigen Ecke liegt.

141

INFO NORDPORTUGAL

 Gastronomie:

 Klima/Reisezeit:

Essen hat in Portugal einen hohen Stellenwert, entsprechend gut ist die Küche. Was auf den Tisch kommt, stammt meist aus der näheren Umgebung und ist deshalb von bester Qualität. So gibt es sehr guten Ziegen- oder Lammbraten, aber auch Fisch steht auf der Karte. Eine Spezialität ist der Bacalhau, der Trockenfisch, für den es Hunderte verschiedener Zubereitungsarten geben soll. Landestypisch ist auch die Caldo Verde, die Grünkohlsuppe.

Im Nordosten, in Trás os Montes, sind die Winter ziemlich kalt. Die Durchschnittstemperaturen liegen im April oft tiefer als im März, weil diese Zeit relativ niederschlagsreich ist.
Angenehm warm wird es erst im Mai, an der Küste zwei, drei Wochen früher.
Die heißesten Monate, Juli und August, sind an der Küste wegen des stetigen Windes besser zu ertragen.

![Edle Tropfen: Sandeman's Portweinkeller in Porto]

Edle Tropfen: Sandeman's Portweinkeller in Porto

INFO NORDPORTUGAL

 Enduro:

Auf der gefahrenen Strecke ist im Nationalpark von Peneda Gerês, von Fafiao nach Caldas do Gerês, ein zwölf Kilometer langes Stück, das wirklich nur mit der Enduro Spaß macht, weil die Sandpiste vom Regen tief ausgewaschene Querrillen aufweist. Das Stück kann auf der »103« umfahren werden.

 Sehenswert:

Das Kuriositätenmuseum in Romeu. Die Landschaften im Nationalpark von Peneda Gerês. Die Altstadt um die Burg von Bragança. Die Capela dos Reis in der Kathedrale von Braga. Die Portwein-Kellereien am Ufer des Douro in Porto. Die Tropf-steinhöhle in Mira d'Aire. Das Kloster von Batalha.

 Literatur:

Ein Bildband erster Güte ist der Band »Bilder aus Portugal« von Karl-Heinz Raach und Jochen Faget, aus dem KaJo-Verlag.

 Adressen:

Portugiesisches Touristik- und Handelsbüro
Schäfergasse 17
60313 Frankfurt/M.
Tel.: 069/29 05 49
Fax.: 069/23 14 33

Regiao de Turismo do Nordeste Transmontano
Edifício do Principal
Largo do Principa
5300 Bragança
Telefon: 073/33 10 78
Fax: 073/33 19 13

Comissao Municipal de Turismo do Porto
Rua Clube dos Fenianos, 25
4000 Porto
Telefon: 02/32 33 03
oder 31 25 43
Fax: 02/208 45 48

Regiao de Turismo da Serra da Estrela
Praça do Município, 1
6200 Covilha
Telefon: 075/32 21 70
Fax: 075/31 33 64

WO DIE SONNE
URLAUB MACHT

Wenn halb Europa noch mit wollenen
Zipfelmützen rumläuft, ist der Süden Portugals
längst aufgetaut. Ein ideales Winterfluchtziel
für Motorradfahrer.

Endlose Weite: Auf den Felsklippen von Peniche

SÜDPORTUGAL

OBEN IN SITIO, SINGT EINE FRAU LAUTHALS IHRE ALTEN LIEDER

Noch gehört der feine Sandstrand von Nazaré den Kindern zum Fußballspielen, das Meer gehört dem Wind, der die Wellen mit diesem ewig gleichen Rauschen über den Sandstrand treibt, und die Sonne wärmt nur ein paar alte Frauen in schwarzen Kleidern, die vor einer Haustür auf den Stufen sitzen und beim Dorf-Tratsch die Zeit verstreichen lassen. Oben in Sitio, auf der Felsklippe, wo der Elevador, der seilbetriebene Aufzug endet, da singt eine Frau mit tiefen Furchen im Gesicht lauthals ihre alten Lieder, während sie auf Kundschaft für Nüsse und Pistazien wartet. Viele Fenster sind noch mit grauen Rollos verschlossen. Es wird noch ein, zwei Monate dauern, bis die Touristen einfallen werden. Den

Atlantik ertragen vor Juli nur abgehärtete Naturen, aber an Land herrscht bereits Ende März ideales Motorradklima.

Die portugiesische Estremadura ist die kulturelle Ecke des Landes. Da ist oben im Norden das wuchtige Kloster von Batalha, von einem gewissen Joao, einst König von Portugal, für eine gewonnene Schlacht im 14. Jahrhundert angeschafft. Westlich von Peniche, einer klippenbewehrten Halbinsel, steht die Burg von Obidos, deren bis zu 13 Meter dicke Mauern auch im Lauf der Jahrhunderte nicht kaputt zu kriegen waren. Der Ortskern wurde bei einem großen Erdbeben 1755 zwar gründlich zerstört, aber wieder aufgebaut. Zwischen den engen Gassen und den steilen Treppenaufgängen hat sich seither höchstens die Farbe an den Wänden geändert. In Obidos läßt sich standesgemäß übernachten, in der Burg ist eine Pousada eingerichtet. Dazu gehört aber auch ein königliches Geldsäckel.

Als ich kurz hinter Lourinha durch das kleine Dorf Atalaia tuckere, dringt plötzlich ein lautes Surren und Pfeifen unter den Helm. Der Motor wird doch nicht etwa…? Nein, etwas ganz anderes macht so turbulenten

Gut behütet:
Marktfrau in Olhao

Gut erhalten: Die Burganlage von Obidos

Krach. Im Dorf drehen sich aufgrund eines Festes noch einmal einige der uralten Windmühlen. Früher mahlten sie den Mais damit. Als ich mir die Sache etwas genauer ansehe, werde ich in die Mühle geholt. Alles wird nicht nur genauestens erklärt, sondern um mir zu zeigen wie gut das alte Ding noch läuft, spannt einer das segelartige Tuch an den Antriebsflügeln ganz aus. Jetzt kracht das Windrad um den Bogen, als müßte es den Wind selber machen.

Daß die Organisation des Tourismus in Portugal noch Lücken hat, wird beim Besuch im Klosterpalast von Mafra deutlich, der zu den größten Bauwerken des Landes zählt. Die Dame, die mich mit einigen anderen durch den Palast führt, kann uns alles erklären, leider ausschließlich in ihrer Heimatsprache. Aber das macht sie mit aufopfernder Geduld, obwohl wir ihr gleich zu Anfang erklären, daß wir kein Wort davon verstehen. Es ist also gar nicht so einfach herauszufinden, daß in der 88 Meter langen Bibliothek über 40 000 jahrhundertealte Bücher stehen, oder daß in den zwei Türmen des Palastes, mit über hundert

ÜBER 40 000 JAHRHUNDERTE-ALTE BÜCHER STEHEN IN DER 88 METER LANGEN BIBLIOTHEK

SÜDPORTUGAL

Glocken, die zusammen rund 217 Tonnen wiegen, der Welt schwerstes Glockenspiel hängt.

Weiter geht die Kulturtour nach Sintra, wo unten in der Stadt der Königspalast mit seinen riesigen, kegelförmigen Küchen-Kaminen steht, und oben auf dem Berg der Pena-Palast, der mit seiner verspielten Architektur das klassische Märchenschloß verkörpert. Die Küche im Königspalast war so groß, daß zum Abspülen ein Bach quer durch die Küche geleitet wurde. Durch die Serra de Sintra, ein hochgelegenes Waldgebiet, sind es vom Pena-Palast noch 20 Kilometer zum Cabo da Roca. Offiziell war hier vor einigen hundert Jahren die Welt zu Ende. Der schiefe Leuchtturm auf den Felsen markiert den westlichsten Festlandpunkt Europas.

In Lissabon ist es klüger, das Motorrad stehen zu lassen und die Stadt per Metro und Turnschuh zu erkunden. Nicht etwa wegen des Verkehrs, der trotz flotter Fahrweise recht human abläuft. Ausgenommen die Zweirad-Expresse, deren Fahrer verkappte Rennfahrer mit Hang zum Selbstmord sind. Das Gewirr von Einbahnstraßen ist es, das mich trotz Stadtplan langsam verrückt werden läßt.

DER SCHIEFE LEUCHTTURM AUF DEN FELSEN MARKIERT DEN WESTLICHSTEN FESTLANDSPUNKT EUROPAS

Nach zweimaliger Umrundung des Pantheons in weitem Bogen, ohne ihm näherzukommen, kapituliere ich und stelle das Motorrad an einer Straßenecke ab. Ich schlendere über den urigen Flohmarkt, höre in der Fußgängerzone zwischen Kastani-

enrösten und Schuhputzern dem perfekten Spiel eines Gitarristen zu und lasse mich mit dem berühmten Aufzug Santa Justa über die Dächer der Stadt heben. Nach den Schlössern und Klöstern in der Estremadura wäre es jetzt genug der Kultur, aber ein Museum lasse ich mir nicht entgehen. Westlich der über zwei Kilometer langen Brücke über den Tejo ist das Kutschen-Museum untergebracht. Da wird deutlich, daß luxuriöse Fahrzeuge als Statussymbol nicht erst eine fragliche

Gut beleuchtet: Lissabon bei Nacht

Erinnerung: Ausgediente Fischerboote am Strand von Nazaré

SÜDPORTUGAL

**WAS UNSEREI-
NER AM LIEB-
STEN AUS DER
FLASCHE ZIEHT,
WÄCHST IM
ALENTEJO AN
DEN BÄUMEN**

Errungenschaft unserer Epoche sind. Die Kutschen der Könige und Päpste vergangener Jahrhunderte sind purer Prunk und Protz auf Rädern. In Porto wird gearbeitet, in Lissabon wird gelebt. Mit diesem einen Satz wird die Stimmung in Portugals Hauptstadt am liebsten umschrieben. Aber in Lissabon wird auch gejammert, nicht hinter vorgehaltener Hand, sondern mitten in der Kneipe vor begierig hörendem Publikum. »Fado« heißt dieses Gemisch aus Gesang und Wehklagen, mit dem jeder seine Schicksalsschläge an den Mann bringen kann.

Bei Setubal setzt eine Autofähre über das breite Mündungsgebiet des Rio Sado zu einer 17 Kilometer langen und ein bis zwei Kilometer breiten Sandbank über, auf der eine asphaltierte Straße hinunter in den Alentejo führt. Was unsereiner am liebsten aus der Flasche zieht, wächst im Alentejo an den Bäumen: Kork. Auf portugiesischen Böden steht immerhin die Hälfte des Weltbestandes dieser Eichenart. Nur alle neun Jahre kann von deren Stamm eine zwei bis drei Zentimeter dicke Korkrinde abgelöst werden kann, die wieder nachwächst.

An den Alentejo grenzt die Region, die für viele »das« Portugal darstellt. Die Algarve ist

Guter Wein: Restaurant Torcatinho in Azoia

für zwei Drittel aller Touristen das einzige Ziel im Lande. Über 3000 Sonnenstunden im Jahr sind es, die so anziehend wirken, aber als ich ankomme, habe ich wohl eine falsche Stunde erwischt. Der rauhe Wind bläst so stark seewärts, daß ich mich nicht bis ganz an den Rand der karstigen Klippen bei Sagres wage. An der Kante fällt die felsige Küste senkrecht nach unten. 30 Meter? 40 Meter? Es ist schwer zu sagen. 45 Meter sind es, behauptet ein Angler, der auf einem kleinen Felsvorsprung steht und auf ein Ziehen an der Angelschnur wartet. Ich frage ihn, ob er sich hier sein Mittagessen fängt? Aber ein anderer kommt ihm zuvor: »Dann gäbe es heute Mittag nichts zu essen, der angelt heute nur aus Sportsgeist«. Die See ist zu ruhig, erklärt er mir, wenn der Wind vom Meer her kommt, wenn die Wellen richtig gegen die Felsen knallen, dann beißen die Fische. Wenn ich ihn richtig verstanden habe, dann gibt es an diesem Morgen etwa 30 Leute, die nichts anderes tun, als hier bei Sagres, an der südwest-lichsten Ecke Europas, ihrem Sportsgeist freien Lauf zu lassen.

Na ja, Sportsgeist hat an diesem Flecken Erde Tradition.

**Que aproveche:
Guten Appetit**

Der Königssohn Henrique nämlich hat vor über 600 Jahren an dieser Stelle alles zusammengetrommelt, was den richtigen Durchblick in Sachen Schiffsbau, Navigation und Seefahrt hatte. Damit begann die Zeit der großen Entdeckungsreisen und des weltweiten portugiesischen Kolonialreiches, das erst in den letzten Jahrzehnten ein Ende fand. Heinrichs Beiname, »der Seefahrer«, ist trotzdem übertrieben. Angeblich soll er nur ein einziges Mal selbst mit auf See gewesen sein.

Ich starte die betagte Kawasaki und lege sie gegen den Wind. Durch die tunnelartige Ausfahrt aus dem grauen Kastell, das von der Weite Eindruck macht, im Inneren aber eher enttäuscht, wird das Knat-

153

SÜDPORTUGAL

Stimmungsvoll: Früher Morgen in der Serra de Monchique

tern des Motors für kurze Zeit zum dröhnenden Hämmern, bevor er im Pfeifen des Windes kaum noch zu hören ist. Entlang der Küste gibt es leider keinen befestigten Weg. Erst in Budens zweigt eine Schotterpiste ab, die zu einem einsamen und schön gelegenen Sandstrand führt.

Einsam heißt in diesem Fall, daß es nur ein einziges Gebäude gibt, welches ein Café beherbergt. Die Küste weiter bis Lagos ist bei weitem nicht so verbaut, wie oft etwas übertrieben behauptet wird. Und was gebaut wurde, hat immerhin einen gewissen Stil. Vom einfa-

seite der Stadt rollt die See gegen einen kilometerlangen feinen Sandstrand an, und am Ponta da Piedade hat das Meer eine bizarre Grottenlandschaft ausgewaschen. Ab Portimao, der größten Stadt an der West-Algarve reichts mal wieder mit den geraden Straßen. Nördlich von hier erhebt sich das einzig nennenswerte Gebirge der Algarve, die Serra de Monchique. Durch immer dichter werdende Wälder geht es erst noch ziemlich gerade, aber dann immer kurviger hinauf nach Monchique. An den Brunnen neben der Straße holen viele ihr Trinkwasser, das sie in Kanister abgefüllt im Auto nach Hause transportieren. Aber viele haben Angst, daß dies bald nicht mehr möglich ist, daß die Brunnen versiegen könnten. Der Grund sind Eukalyptusbäume. Die sind nämlich kein heimisches Gewächs, sondern wurden irgendwann aus Australien eingeschleppt. Bereits nach acht Jahren können sie gefällt und in der Zellstoffindustrie verarbeitet werden. Das hört sich alles gut an, aber der große Nachteil der Eukalyptusbäume ist, daß sie während des Wachstums so große Mengen an Wasser verbrauchen, daß der Grundwasserspiegel sinkt und ganze Land-

AN DER OST-SEITE DER STADT ROLLT DIE SEE GEGEN EINEN KILOMETER-LANGEN FEINEN SANDSTRAND AN

chen Ferien-Bungalow bis zur strahlend weißen Villa, die oft mit überlieferten maurischen Elementen versehen ist, wurde hier recht ansprechende Architektur in die Landschaft gesetzt. Und auch Lagos, die weiße Stadt, gibt noch ein Bild ab, das an diese Küste paßt. An der Ost-

SÜDPORTUGAL

striche vom Austrocknen bedroht sind. Wer hier oben in den
Bergen wohnt, wird dies als
erster zu spüren bekommen.

In Monchique zweigt eine
Stichstraße zum Foia ab, der mit
902 Metern höchster Berg des
Südens ist. Die Aussicht von
oben ist super. Im Süden sind
die weißen Gebäude von Lagos
an der Südküste durch den
Dunst zu erkennen. Die Schich-
ten der Hügelketten in der Serra
de Espinhaço de Cao sind wie
feine Bleistiftstriche in die
Landschaft gezeichnet. Dahinter
schimmert die Sonne wie ein
goldenes Tuch auf dem Atlantik. An klaren Tagen soll sogar

Sagres zu sehen sein. Ich würde
am liebsten das Zelt aufstellen
und zusehen, wie die Sonne im
Meer verschwindet, aber das
gäbe eine hungrige Nacht, ich
habe vergessen Proviant einzukaufen.

Sobald die Sonne untergegan-
gen ist wird es hier innerhalb
kürzester Zeit dunkel, und so ist
es mal wieder Nacht, als ich
zurück in Monchique etwas verloren auf dem Platz vor der Kirche rumstehe und nach einer
Unterkunft Ausschau halte. Ich
frage einen bärtigen Kerl, der
vorbeitrottet, ob er weiß, wo ich
ein günstiges Zimmer finden
könnte. Er meint, ich solle

Im Hafen von Sagres: Tonkrüge zum Tintenfischfang

Motorrad und Gepäck stehen lassen und mitkommen, er werde mir die billigste Unterkunft im Ort zeigen. Ich bin etwas skeptisch, das ganze Gepäck hier im Dunkeln stehen zu lassen. Aber er beruhigt mich: Das ist hier ein einfaches Bergdorf, und außerdem stehe doch alles neben der Kirche, da könne wirklich nichts passieren. Dermaßen beruhigt folge ich ihm einige Gassen weiter zu einem alten Haus. Anstatt einer Glocke hängen zwei gußeiserne Hände an der blaugestrichenen Tür. Eine junge Frau öffnet uns und ich muß hinauf ins Wohnzimmer, die Chefin möch-

te mich erst sehen. Da sitzt also eine alte Dame tief im weichen Polstersessel, die Stricknadeln in der Hand und eine dicke Brille auf der Nase. Die Katze liegt auf dem Sofa und im Schrank, der an der Wand steht, liegen hundert kleine Sachen drin. Ich denke unwillkürlich an die klassische Märchen-Oma, als sie mich von oben bis unten mustert. Ich scheine die Prüfung zu bestehen, 1500 Escudos will sie für eine Nacht. Billig, denke ich, aber meinem Begleiter scheint es zu viel zu sein. Er erzählt ihr, daß ich mit dem Motorrad hier bin, also sozusagen zu arm bin, um mir ein

ICH DENKE UNWILLKÜRLICH AN DIE KLASSISCHE MÄRCHENOMA, ALS SIE MICH VON OBEN BIS UNTEN MUSTERT

Schlichte Schönheit: Die Kirche von Vila do Bispo

An Festtagen in Betrieb: Alte Windmühle in Atalaia

SÜDPORTUGAL

Ohne Verkehr: Bergstraße in der Serra de Monchique

Auto zu leisten, und außerdem hätte ich die Kirche fotografiert. Das wirkt, der Preis sinkt auf 1000 Escudos. Das Zimmer ist einfach, es gibt keine Dusche, und das Bett hängt durch. Aber was solls, eine solche Atmosphäre ist mir oft lieber als jede Nobelherberge, wo ich mit den etwas zerschlissenen Motorrad-Klamotten eh meist recht verwundert beobachtet werde. So läßt sich auch mehr über das Land erfahren. Meine Gastgeberin erzählt mir, daß es kaum Arbeit gibt, daß sie hier, obwohl sie nur wenige Kilometer von der Küste entfernt sind,

Norden, bis Nave Redonda. Die Strecke bietet immer wieder überraschende Ausblicke in weite, zu dieser Jahreszeit noch kräftig grüne Bergtäler. Rund um Monchique sollen über 200 Deutsche, meist Aussteiger, in abgeschiedenen Häusern und Höfen leben.

In Albufeira stoße ich wieder auf die Küste. Es ist ein typischer Touristenort, der im Winter zur Geisterstadt mutiert, im Sommer dafür aber knallvoll wird. Von dem alten Fischerdorf, das Albufeira einmal war, ist nicht mehr viel zu sehen, aber unten am Hafen kann ich mir gut vorstellen, wie es vor der Touristenzeit einmal ausgesehen hat. Damals muß es hier wirklich traumhaft gewesen sein. Während die westliche Algarve aus steilen Felsküsten mit einzelnen Strandabschnitten

nicht vom Tourismus an der Algarve profitieren. »Die kommen zwar herauf, um auf den Foia zu fahren, aber das sind alles nur Tagesausflügler, die wieder zurückfahren und höchstens mal einen Kaffee trinken und sich die Kirche anschauen«.

Ich fahre noch ein Stück nach

Makaber: Knochenkapelle in der Carmo-Kirche von Faro

SÜDPORTUGAL

Mauerblümchen: V-Max in Albufeira

Garantiert frisch: Fischmarkt in Olhao

besteht, ist der östliche Teil fast endloser Sand, der flach im Meer verschwindet. Hier liegt auch Faro, die Hauptstadt der Algarve, die wieder Mal mit einer etwas makabren Sehenswürdigkeit aufwartet. In einem Anbau der Carmo-Kirche befindet sich die Knochenkapelle. Der Name kommt vom verwendeten Baumaterial, denn die Wände sind mit den Knochen menschlicher Skelette bedeckt, und dazwischen wurden Schädel eingemauert.

Die letzten Eindrücke der portugiesischen Küste hole ich mir beim Fischmarkt von Olhao, wo der Fisch direkt vom Boot in die Markthalle getragen wird. Frischer geht es wirklich nicht. Mit lautem Geschrei versucht jeder seinen Fisch als den besten anzubringen. Draußen vor der Halle werden T-Shirts und Orangen, Kuchen und Salat, Kitsch und Schuhe nebeneinander verkauft. Wer ein Stück lebendige Algarve erleben will, der muß freitags oder samstags herkommen. Da wird das ansonsten so ruhige Portugal lebendig wie ein aufgeschreckter Schwarm Fische. Da treffen die verschiedensten Menschen aufeinander. Da kommt alles zusammen, was sonst nur durch Zufall getroffen werden kann. Und da fällt der Abschied so richtig schwer.

DIE WÄNDE SIND MIT DEN KNOCHEN MENSCHLICHER SKELETTE BEDECKT

163

INFO SÜDPORTUGAL

TOUR 6

TOUR 5

Nazaré

Peniche

Obidos
★Burganlage

ESTREMADURA

★Klosterpalast
Mafra

Cabo da
Roca★
Sintra   ★Kutschenmuseum
■ LISSABON

Setubal

Rio Tejo

P O R T U G A L

Rio Guadiana

A T L A N T I K

Santiago do Cacém

Cercal

Vila Nova
de Milfontes

S e r r a d e M o n c h i q u e

Sao Marcos de Serra

Aljezur
Monchique   ALGARVE

Palast von
Estoi★

Vila Real

Tavira

Vila do Bispo Sagres
Cabo de Sao Vicente★   Lagos   Albufeira
Faro Olhao
Knochenkapelle★

Gefahrene Strecke:
etwa 1100 Kilometer.

INFO SÜDPORTUGAL

 Karte:

RV-Verlag, Spanien/Portugal 9/10,
1:300 000

 Route:

Nazaré – S. Martinho do Porto –
Alfeizerao – Tornada – Caldas da
Rainha – Obidos – Ambreira –
Serra d'El – Rei – Atouguia da
Baleia – Peniche – Lourinha –
Ribamar – Silveira – Casalinho do
Alfaiate – S. Pedro da Sadeira –
Barril – Casais de S. Laurenço –
Ericeira – Achada – Sobreiro –
Mafra – Igreja Nova – Sintra –
Azoia – Cabo da Roca – Cascais –
Oeiras – LISSABON – Cova da
Piedade – Corrois – Amora – Vila
Nogueira – Arrábida – Outao –
Setubal – (Fähre) – Tróia –
Melides – Santo André – Santiago
do Cacem – Cercal – Vila Nova de
Milfontes – Fataca – Brejao –
Odeceixe – Aljezur – Carrapateira
– Vila do Bispo – Sagres – Cabo de
Sao Vicente – Sagres – Vila do
Bispo – Raposeira – Figueira –
Burgau – Montinhos da Luz – Luz
– Lagos – Portimao – Porto de
Lagos – Caldas de Monchique –
Monchique – Berg Foia – Monchi-
que – Nave Redonda – Sao Marcos
da Serra – Sao da Bartolomeu de

Messines – Abufeira – Olhos de
Agua – Quarteira – Almansil –
FARO – Estói – Olhao – Tavira –
Vila Real.

 Anreise:

Aus Norddeutschland ab dem
Grenzübergang bei Aachen: Über
Paris, Tours, Bordeaux, Bayonne,
Irun, Gasteiz Vitoria, Burgos,
Valladolid, Salamanca, Coimbra
ist die Anreise bis Nazaré rund
2100 Kilometer lang. Aus Süd-
deutschland ab Grenzübergang
Müllheim/Mulhouse: Über Lyon,
Montpellier, Barcelona, Madrid,
Cáceres, zum Grenzübergang bei
Valencia de Alcántara und weiter
bis Nazaré sind es etwa 2300 Kilo-
meter.

 Übernachten:

Hotels:
● ● ● ● Pousada Castelo
2510 Obidos
Telefon: 062/95 91 05
Fax: 062/95 91 48
Die Pousada ist in einer Burg
untergebracht, deren Mauern eine
der besterhaltenen mittelalterlichen
Ortschaften Portugals umschlie-
ßen.

165

INFO SÜDPORTUGAL

●● Residencia Roma
Trav. Da Glória, 22 A,
1200 Lissabon
Telefon: 01/346 05 57 /8 /9
Fax: 01/346 05 57
Günstige Lage für Stadter-
kundungen zu Fuß.

●●● Hotel Suísso Atlantico
Rua da Gloria, 3-19
1200 Lissabon
Telefon: 01\346 17 13
Fax: 01\346 90 13
Ebenfalls in günstiger Lage für
Stadterkundungen zu Fuß.

**Endstation: Der westlichste
Festlandspunkt Europas**

●●● Estalagem Abrigo da
Montanha
8550 Monchique
Telefon: 082/9 21 31
Fax: 082/9 36 60
Viersterne-Estalagem an der
Auffahrt zum Foia mit schöner
Aussicht.

●● Borda d'Agua
Apartementos
Praia da Oura
8200 Albufeira
Telefon: 089/586 545
Appartement-Anlage etwa drei
Kilometer östlich von Albufeira in
Strandnähe.

Camping:
Parque de Campismo do
Valado
2450 Nazaré
Telefon: 062/511 37
Ein Campingplatz der Orbitur-
Kette, der etwas außerhalb von
Nazaré an einer ruhigen Ecke liegt.

● Parque de Campismo da
Campiférias
7645 Vila Nova de Milfontes
Telefon: 083/964 09
Der Platz liegt etwa 300 Meter von
Strand entfernt.

● Parque de Campismo da
Trindade
8600 Lagos
Telefon: 082/76 38 93

![Manuelinisch: Der Torre de Belém in Lissabon]

Manuelinisch: Der Torre de Belém in Lissabon

● Camping Olhao
Parque de Campismo e
Caravanismo
Pinheiros de Marim
8703 Olhao Codex
Telefon: 089/705 402
Fax: 089/705 405

 Gastronomie:

An etwa der Hälfte der Landesgrenzen plätschern Meereswellen an eine Küste. Klar, daß da Fischgerichte den meisten Platz auf der Speisekarte einnehmen. Neben Thunfischsteak mit Zwiebeln und allerlei Fisch- und Muschelsuppen werden oft Sardinen frisch vom Grill angeboten. Dazu hat Portugal eine große Auswahl einheimischer Weine. Da es eigentlich keine schlechten portugiesischen Weine gibt, ist man mit dem jeweiligen Hauswein geschmacklich wie auch preislich immer gut beraten.

INFO SÜDPORTUGAL

Schöner Essen: Restaurant im Azulejomuseum von Lissabon

 Klima/Reisezeit:

Die Algarve zählt zu den sonnenreichsten und wärmsten Regionen Europas. Bereits im März herrscht ideales Motorradwetter. Die Badesaison dauert an der östlichen Algarve von Mai bis Oktober, an der westlichen Atlantikküste sind die Wassertemperaturen erst ab Anfang Juli erträglich.

 Sehenswert:

Die Burganlage von Obidos. Der Klosterpalast von Mafra. Der Nationalpalast und der Penapalast in Sintra. Lissabon (KutschenMuseum). Die Felsgrotten am Ponta de Piedade bei Lagos. Der Palast von Estoi. Die Knochenkapelle in der Carmo-Kirche in Faro.

INFO SÜDPORTUGAL

 Veranstaltung:

Die portugiesische Variante des Stierkampfes ist unblutig. Anstatt den Stier zu töten, muß er von acht Männern (Forcados) auf den Boden geworfen werden, wobei ihm der erste Forcado zwischen die Hörner springt.
Die Saison dauert von Ostern bis Oktober.

 Adressen:

Portugiesisches Touristik- und Handelsbüro
Schäfergasse 17
60313 Frankfurt/M.
Tel.: 069/29 05 49
Fax.: 069/23 14 33

Regiao de Turismo do Oeste
Solar da Praça St. Maria
2510 Obidos
Telefon: 062/95 92 96
Fax: 062/95 97 70

Touristinfo Lissabon
Palácio Foz
Praça dos Restauradores
1200 Lissabon
Telefon: 01/346 36 43
oder 342 52 31

Fremdenverkehrsamt Lagos
Largo Marquês de Pombal
8600 Lagos
Telefon: 082/76 30 31

Fremdenverkehrsamt Albufeira
Rua 5 de Outubro
8200 Albufeira
Telefon: 089/51 21 44

Regiao de Turismo do Algarve
Av. 5 de Outubro
8000 Faro
Telefon: 089/800 400
Fax: 089/800 489

PANNEN-WÖRTERBUCH

Pannen-Wörterbuch / spanisch

Anlasser	Motor de arranque
Antriebswelle	Arbol de accionamiento
Auspuffrohr	Tubo de escape
Benzinleitung	Tubería de gasolina
Benzinpumpe	Bomba de gasolina
Benzinfilter (im Tank)	Filtro de gasolina (en el depósito)
Blinklicht	Luz intermitente
Bremse	Freno
Bremslicht	Luz del freno
Dichtung	Junta
Drehzahlmesser	Cuentarrevoluciones
Einspritzsteuergerät	Aparato de mando de la inyección
Felge	Llanta
Fußraste	Pieza de pie
Fußschalthebel	Palanca de cambio del pie
Gasgriff	Empuñadura del acelerador
Getriebe	Cambio
Hauptständer	Caballete principal
Hinterrad	Rueda trasera
Kickstarter	Pedal de arranque
Kolben	Pistón
Kraftstofftank	Depósito de combustible
Kühler	Radiador
Kupplung	Embrague
Kupplungshebel	Palanca de embrague
Kurbelwelle	Cigüeñal
Lenker	Manillar
Lichtmaschine	Generador
Luftfilter	Filtro de aire

Mutter	Tuerca
Nockenwelle	Arbol de levas
Ölablaßschraube	Tornillo de evacuación de aceite
Ölfilter	Filtro de aceite
Ölwechsel	Cambio de aceite
Pleuel	Biela
Regler	Regulador
Reifen	Neumático
Reifenpanne	Pinchazo
Reifenwechsel	Cambio del neumático
Reparatur	Reparación
Rücklicht	Luz trasera
Rückspiegel	Espejo retrovisor
Schalldämpfer	Silenciador
Scheinwerfer	Faro
Schlauch	Cámara
Schlauchlosreifen	Neumáticos sin cámara
Schraube	Tornillo
Schwimmer	Flotador
Soziusfußraste	Pieza de pie para el acompañante
Stoßdämpfer	Amortiguador
Teleskopgabel	Horquilla telescópica
Vergaser	Carburador
Werkzeugkasten	Caja de herramientas
Zündkerze	Buija de encendido
Zündspule	Bobina de encendido
Zündsteuergerät	Aparato de mando del encendido
Zylinder	Cilindro
Zylinderkopf	Culata

PANNEN-WÖRTERBUCH

Wie komme ich zu dem Händler…	Cómo se va la tienda…?
Ich habe eine Panne mit dem Motorrad	Tengå una avería en mi motocicleta
Ich habe eine Reifenpanne mit meinem Motorrad	Tengo un pinchazo en mi motocicleta
Mein Motorrad springt nicht an	Mi motocicleta no arranca
Mein Motorrad springt schlecht an	Mi motocicleta arranca con dificultad
Die Vorderrad-/Hinteradbremse funktioniert nicht	El freno delantero / trasero no funciona
Geräusche/Klappern im 1. Getriebe, 2. Motor 3. Vorderradgabel, 4. Hinterrad-Antrieb	Ruídos/tableteos en el 1. cambio; 2. motor; 3. horquilla delantera; 4. accionamiento de la rueda trasera
Der Zünd-/Kofferschlüssel ist abgebrochen	Se ha roto la llave de encendido/ llave de las maletas
Er steckt im Zünd-/Lenkungsschloß	Se ha quedado dentro de la cerradura de encendido/cerradura de la dirección
Ich habe die Motorrad-/Kofferschlüssel verloren	He perdido las llaves de la motocicleta/ las llaves de las maletas
Die Nummer meines Kofferschlüssels ist…	El número de mi llave para las maletas es…
Wie teuer ist die Reparatur	Cuánto cuesta la reparación
Das Motorrad ist nicht mehr fahrtüchtig	La motocicleta ya no funciona
Können Sie mein Motorrad abschleppen	Puede Usted remolcar mi motocicleta
1. Motor / 2. Getriebe/ 3. Telegabel / 4. Tank ist undicht	Inestanqueidades en el 1. motor/2. cambio 3. horquilla telescópica / 4. depósito

Wir danken BMW für die Bereitstellung der Pannen-Wörterbücher.

PANNEN-WÖRTERBUCH

Pannenwörterbuch / portugisisch

Anlasser	Motor de arranque
Antriebswelle	Transmissão
Auspuffrohr	Tubo de escape
Benzinleitung	Tubo de gasoline
Benzinpumpe	Bomba de combustivel
Benzinfilter (im Tank)	Filtro de gasolina/ no depósito de combustivel
Blinklicht	Pisca-pisca
Bremse	Travão
Bremslicht	Luz do travão
Dichtung	Vedante
Drehzahlmesser	Conta-rotações
Einspritzsteuergerät	Unidade de comando da injecção
Felge	Jante
Fußraste	Estribo
Fußschalthebel	Pedal de mudanças
Gasgriff	Acelerador
Getriebe	Caixa de velocidades
Hauptständer	Descanço central
Hinterrad	Roda traseira
Kickstarter	Pedal de arranque
Kolben	Pistão
Kraftstofftank	Depósito de combustivel
Kühler	Radiador
Kupplung	Embraiagem
Kupplungshebel	Alvanca da embraiagem
Kurbelwelle	Cambota
Lenker	Guiador
Lichtmaschine	Dinamo
Luftfilter	Filtro de ar

Mutter	Porca
Nockenwelle	Arvore de cames
Ölablaßschraube	Bujão de purga de óleo
Ölfilter	Filtro de óleo
Ölwechsel	Mudança de óleo
Pleuel	Biela
Regler	Regulador
Reifen	Pneu
Reifenpanne	Problema com o pneu
Reifenwechsel	Troca do pneu
Reparatur	Conserto
Rücklicht	Luz traiseira
Rückspiegel	Espelho retrovisor
Schalldämpfer	Silenciador
Scheinwerfer	Farol
Schlauch	Tubo flexível
Schlauchlosreifen	Pneu sem câmara (Tubeless)
Schraube	Parafuso
Schwimmer	Flutuador
Soziusfußraste	Estribo do passageiro
Stoßdämpfer	Amortecedor
Teleskopgabel	Forqueta
Vergaser	Carburador
Werkzeugkasten	Caixa de ferrementas
Zündkerze	Vela de ignição
Zündspule	Bobina de ignição
Zündsteuergerät	Unidade de comado da ignição
Zylinder	Cilindro
Zylinderkopf	Cabeça do cilindro

PANNEN-WÖRTERBUCH

Wie komme ich zu dem Händler…	Indique-me o Concessionario mais proximo , por favor?
Ich habe eine Panne mit meinem Motorrad	A minha moto está avariada
Ich habe eine Reifenpannne mit meinem Motorrad	O pneu da minha moto está furado
Mein Motorrad springt nicht an/ springt schlecht an	A minha moto não funciona A minha moto funciona muito mal
Die Vorderrad-/Hinterradbremse funktioniert nicht	O travao da roda dianteira/ traseira nao functiona
Geräusche/Klappern im 1. Getriebe, 2. Motor, 3. Vorderradgabel, 4. Hinterrad-Antrieb	Ruidos de: 1. caixa de velocidades, 2. Motor, 3. forqueta, 4. transmissão
Der Zünd-/Kofferschlüssel ist abgebrochen	A chava de ignição/da mala partiu
Er steckt im Zünd-/Lenkungsschloß	Ela ainda está dentro do fecho de ignição/ da mala.
Ich habe die Motorrad-/Kofferschlüssel verloren	Eu perdi as chaves da moto/da mala
Die Nummer meines Kofferschlüssels ist…	O número da chave da minha mala é…
Wie teuer ist die Reperatur?	Quanto vai custar o conserto?
Das Motorrad ist nicht mehr fahrtüchtig	A moto não está em condiçoes de ser conduzida
Können Sie mein Motorrad abschleppen?	Pode rebocar a minha moto?
1. Motor / 2. Getriebe / 3. Telegabel/ 4. Tank ist undicht	O motor/a caixa de velocidades/ forqueta/ o despósito de gasolina tem fugas

Wir danken BMW für die Bereitstellung der Pannen-Wörterbücher.

GANZ SCHÖN UNTERWEGS

EDITION UNTERWEGS

Böckmann/Daams/Rüßkamp
Deutschland - Band 1
Acht reizvolle Motorrad-Touren
zwischen Rhön und Ostfriesland,
Niederrhein und Brocken.
192 Seiten, 138 Farbbilder,
9 Karten
Best.Nr. 01561 **DM 29,80**

Dieter und Elke Loßkarn
Deutschland - Band 2
Spessart, fränkische Schweiz,
Fichtelgebirge, Schwaben,
Schwarzwald, Oberbayern.
192 Seiten, 130 Farbbilder,
8 Karten
Best.Nr. 01593 **DM 29,80**

Thurner/Leber
Deutschland - Band 3
Zwischen Thüringer Wald und
Rügen, zwischen Erzgebirge und
Oberlausitz.
176 Seiten, 118 Farbbilder,
7 Karten
Best.Nr. 01954 **DM 29,80**

Jan Leek
Eifel - Ardennen
In das Grenzgebiet von Luxem-
burg und Belgien – auf Routen,
die Kurvenspaß garantieren.
160 Seiten, 111 Farbbilder,
9 Karten
Best.Nr. 01922 **DM 29,80**

Dieter und Elke Loßkarn
Alpen - Band 2
Ruft der Berg, zieht's den Biker in
die Alpen. Hier finden Sie sechs
Touren über tolle Paßstrecken.
176 Seiten, 116 Farbbilder,
8 Karten
Best.Nr. 01809 **DM 29,80**

Johann/Siemer
Italien - Band 2
Durch die Abruzzen und die
Toscana, durch Süditalien und
die Ligurischen Alpen.
160 Seiten, 101 Bilder, davon 92
in Farbe, 9 Karten
Best.Nr. 01990 **DM 29,80**

Seiler/Schlüter
Frankreich - Band 2
Die Bilderbuchstrecken im Süden
der Republik. Der richtige Führer
für kurvenhungrige Biker.
160 Seiten, 117 Farbbilder,
6 Karten
Best.Nr. 01882 **DM 29,80**

Jürgen Thurner
England & Schottland
Britannien hat dem Biker viel zu
bieten – trotz miserablem Essen
und Wetter. Hier gibt's tolle Tips.
160 Seiten, 92 Farbbilder,
8 Karten
Best.Nr. 01824 **DM 29,80**

Josef Seitz
Skandinavien
Mit dem Motorrad durch Däne-
mark, Schweden, Finnland und
Norwegen.
200 Seiten, 117 Farbbilder,
7 Karten
Best.Nr. 01628 **DM 29,80**

Sibylle Wiebusch-Richter
Angenehme Ruhe
Adressen und Informationen zu
rund 500 motorradfreundlichen
Hotels, Gaststätten und Pensio-
nen in Deutschland.
152 Seiten
Best.Nr. 01961 **DM 29,80**

Stand Januar 2000
Änderungen in Preis und
Lieferfähigkeit vorbehalten

Ihr Verlag für Motorrad-Bücher
Postfach 10 37 43 · 70032 Stuttgart
Telefon (07 11) 2 10 80 65 · Telefax (07 11) 2 10 80 70

Motor
buch
Verlag